2ª edição

O Processo de Autotransformação

O domínio do eu e o despertar de
nossos potenciais superiores

O Processo de Autotransformação

VICENTE HAO CHIN, JR

Editora Teosófica
Brasília-DF

Título do original em inglês:
The Process of Self-Transformation

Direitos Reservados à
EDITORA TEOSÓFICA
SIG Quadra 6, Lote 1.235
70.610-460 - Brasília-DF - Brasil
Tel.: (61) 3322-7843
E-mail: editorateosofica@editorateosofica.com.br
Site: www.editorateosofica.com.br

C 539	*O Processo de Autotransformação* Vicente Hao Chin, Jr
	Brasília, 2019 ISBN 978-85-85961-91-6
	CDD 212

Capa: Reginaldo Mesquita
Revisão do português: Zeneida Cereja da Silva e Marília Cossermelli
Diagramação: Reginaldo Mesquita
Impressão: Gráfika Papel e Cores

Prefácio

Originalmente, utilizou-se este texto como manual para facilitadores do Seminário de Autotransformação, que os meus correligionários e eu temos conduzido durante muitos anos na Ásia, Austrália e Europa. A pedido dos participantes para que houvesse material de leitura do seminário, o livro está sendo agora posto à disposição do público em geral, e o material para facilitadores foi colocado em um manual separado.

O Seminário de Autotransformação tem recebido um retorno muito encorajador de parte dos participantes de muitos países. O seminário é frequentado por um amplo espectro de pessoas, incluindo executivos, profissionais, educadores, pais, jovens, trabalhadores para o desenvolvimento de comunidades, funcionários públicos e trabalhadores pela paz. Muitas pessoas sentem que o seminário é relevante não apenas para as situações de sua vida atual, mas que também lhes abre novas dimensões de vida. E a resposta animadora que frequentemente ouvimos é "Eu devia ter aprendido isto quando era mais jovem".

Muitas escolas e universidades pedem para que o seminário seja aplicado a seus administradores, docentes e estudantes. De modo semelhante organizações religiosas, organizações não governamentais, grupos profissionais e companhias particulares requisitam o seminário devido ao seu efeito positivo sobre as vidas dos participantes.

Embora pessoas que não tenham participado possam aprender os princípios do processo apresentado no seminário pela leitura deste livro, nós as encorajamos a discutir o livro com grupos ou com facilitadores, para assegurar que entenderam amplamente as diferentes práticas sugeridas, especialmente o processamento da autopercepção que é crucial para todo o programa. Sempre que possível, recomendamos aos leitores que participem de um dos Seminários de Autotransformação. As pessoas interessadas podem visitar o *website* do Programa de Autotransformação no endereço www.selftransformation.net. Ou podem escrever para o *Self-Transformation Program*, Philippine Theosophical Institute, 1 Iba Street, Quezon City, Phulippines. Email: tspeace@info.com.ph.

Os primeiros esboços deste livro receberam comentários e sugestões valiosas de Bebot Rodil, Dra. Caren Elin, Les Vincent, Diana Dunningham Chapotin, e Barbara Coster, aos quais sou grato.

Vicente Hao Chin, Jr.
Quezon City

Sumário

Prefácio 05

1. A Vida que Enfrentamos 13
   O Problema Pessoal 13
   O Problema Social 16
   O Processo de Autotransformação 20

2. A Natureza da Autotransformação 23
   Revisão do nosso Mapa de Realidade Pessoal 23
   Esclarecimento dos Valores 26
   AutoDomínio 27
   Transcendência 28
   Espiritualidade e Autotransformação 30

3. A Nossa Natureza Humana 33
   A Natureza do Ser Humano 33
   A Natureza Dual do Ser Humano 37
   Quem Você Gostaria que Vencesse? 38
   O Conflito entre o Superior e o Inferior 38
   Leitura Suplementar 39

4. A Natureza do Condicionamento Humano 41
   Mecanismos 42
   A Influência Penetrante dos Condicionamentos 43
   O Poder de Obter o Domínio Sobre Nossos
      Condicionamentos 45

5. A Perfectibilidade Humana 47
As Qualidades das Pessoas Autorrealizadas 48
O Despertar da Consciência Superior 51

6. Sobre a Autopercepção 53
O Campo da Percepção Periférica 56
As Emoções e a Autopercepção 58
A Energia 58
Respiração Abdominal 59
O Processo 60
Os Efeitos da Percepção 60

7. Conhecimento *versus* Percepção 63
Estou Sentindo Dor? 65
Percepção na Meditação 66
Percepção e Transcendência 67

8. Diretrizes sobre o Processamento da Autopercepção 69
Respiração Abdominal 69
Processando a Si Mesmo 71
Processamento Emocional 73
Ajudando os Outros a se Processarem 74
Cautela 75
Exame Cuidadoso 75
Facilitando o Processamento Emocional 77

9. Diretrizes Ulteriores no Processamento 79
Aspectos Físicos 79
Comunicação Verbal 80
Duração da Sessão 81
O Fluxo de Energia 81
Congestões 84
Dor 85
Os Meridianos da Acupuntura 86

Efeitos Emocionais sobre o Facilitador 87
Percepção e o Fechar-se em Si Mesmo 87
Comportamentos Úteis e Inúteis 88
Processamento entre Cônjuges, Parentes ou Amigos 88
Movimentos Corporais 89

10. Atingindo um Nível Zero de Tensão Emocional 91
Quatro abordagens à autopercepção diária 94

11. A Natureza da Dor Emocional 99
Emoções Básicas e Derivadas 101
Emoções e Movimentos da Energia 107
Emoções e Autopercepção 108
Expressão *versus* Liberação 110

12. Medindo a Aflição 111
Como Usar a UAS 112

13. Exemplos de Sessões de Processamento 113
Exame Cuidadoso 113
Processando uma Questão Emocional 118

14. Lidando com o Medo 125
A Intensidade do Medo 126
A Irracionalidade do Medo 126
Tipos de Medo 128
O Processamento do Medo 131
As Camadas mais Profundas da Experiência do Medo 133

15. Estudo de Casos 135
Estresse e Neurose 135
Relacionamentos Familiares 136
Dor e Estresse Crônicos 136
Medo 137
Lembrança e Clareza de Imagem 138

| 9

Blocos de Energia Interligados 139
 Trauma 139
 Dor 140

16. Relacionamentos Eficazes 143
 Audição Ativa 144
 Assertividade Harmoniosa 148

17. Amor e Carinho 153
 A Natureza do Amor Genuíno 153
 Expressões de Amor e Carinho 155
 Ouvir 155
 Tempo com Qualidade 156
 Sensibilidade às Necessidades e aos
  Sentimentos dos Outros 157
 Abnegação 157
 Firmeza ou Assertividade no Amor 158
 Amor e Apego 159
 Amor Incondicional 161
 Comentários e Informações com o Objetivo
  de Avaliação (*Feedback*) 162

18. Lidando com a Preocupação 167
 Eliminando a Preocupação 167
 Evitando a Preocupação 168

19. A Saúde e o Corpo Físico 171
 Exercício 171
 Dieta 172
 Evitando Hábitos Insalubres 175
 Atitude e Filosofia de Vida 175

20. Lidando com os Condicionamentos 177
 O Controle do Destino 179
 A Lei de Causa e Efeito 181
 Alguns Princípios da Lei 183

21. Resposta *versus* Reação 185
   Habilidade na Ação 186
   O Hiato entre a Percepção e a Resposta 187

22. Esclarecimento e Internalização de Valores 189
   Tipos de Valores 190
   Serão Práticos os Valores Universais? 193
   Princípios e Realização 193
   Os Valores na Vida Diária 195
   Fazendo Pequenos Esforços 196
   Esclarecendo os Valores Pessoais 197
   Integração de Valores 199

23. Integração e Construção de Capacidade 201
   Relacionamentos Interpessoais 201
   Capacidade para a Resolução de Problemas 202
   Paradoxo 203
   Estágios no Processo 204
   Construção da Estrutura 205
   Aspectos da Integração Estrutural 206

24. Transcendência 209
   Misticismo 209

25. Vendo o Que É 213
   A Natureza Ilusória da Percepção 215

26. Meditação 219
   Meditação Espiritual 219
   Preparações para a Meditação 221
   Lidando com os Pensamentos na Meditação 224
   Os Efeitos Autotransformadores da Meditação 227
   Samadhi e Iluminação 229
   Intuição 229

27. A Unidade Essencial das Religiões 231

28. A Unidade da Vida 237
   Corroboração 238
   O Inconsciente Coletivo 239
   A Ressonância Mórfica 239

29. O Programa de Sete Dias 241
   Auxílios ao Programa 242
   Grupo de Autotransformação 243

30. O Passo Seguinte 245

32. Autotransformação e Juventude 249

33. Autotransformação e Educação 253
   A Filosofia de Vida 254
   O Sistema Educacional 256
   Os Professores 258

Anexos 261
   Anexo 1: Leitura Recomendada 261
   Anexo 2: Autoinventário 267
   Anexo 3: Tornando-se um Facilitador 271

Glossário 275

1
A Vida que Enfrentamos

Enfrentamos dois problemas na vida: o pessoal e o social.

O PROBLEMA PESSOAL

*N*o nível pessoal todos nós somos confrontados com problemas de infelicidade, medo, preocupação, pressão da sociedade, dor física e emocional, doença, morte e milhares de outros assuntos que ameaçam a serenidade, o sentido e a felicidade na vida. Ninguém está livre dessas ameaças. Desde o momento em que nascemos até o dia em que morremos, a vida é um ato de equilíbrio constante entre satisfazer as necessidades pessoais e lidar com as limitações externas. Nascemos numa vida de conflito. A maioria da humanidade nasce de pais que não sabem como lidar com os conflitos da vida. Os filhos aprendem a maneira caótica como seus pais lidam com esses conflitos, crescendo inseguros, na defensiva e perdidos na selva da vida.

Existem maneiras comprovadas de efetivamente lidar com estes problemas?

Existem. Desde tempos imemoriáveis, tem havido sábios que descobriram e transmitiram às gerações posteriores as soluções duradouras para os dilemas do viver. Estes sábios são oriundos de diversas culturas, raças e períodos históricos. As suas descobertas não foram mantidas em segredo. Eles não guardaram suas descobertas para si mesmos. Todavia, estes *insights* infelizmente não são tão conhecidos do mundo quanto deveriam ser. Nossas instituições educacionais raramente dão atenção a eles, o que é lamentável, considerando como muitos dos anos escolares são devotados ao aprendizado de polinômios, regras gramaticais, informação histórica, códigos sociais, conhecimento científico, etc., muitos dos quais nós sequer usamos quando nos tornamos adultos.

Por exemplo, quantas escolas ensinam aos seus alunos a lidar com o medo? Eu não sei de uma única sequer que sistematicamente faça isso. Pelo contrário, quase todas as escolas usam o medo como ferramenta para obrigar os alunos a cumprirem as regras. Em vez de libertar as crianças do medo, elas contribuem para o acúmulo de medos na criança. Como resultado, as crianças crescem portando uma bagagem psicológica acrescida de infelicidade e padrões de vida insalubre.

Quantas escolas ensinam aos seus alunos como lidar com a preocupação? Mais uma vez, não sei de nenhuma. Todavia, a preocupação é o flagelo da humanidade. O medo e a preocupação são dois dos mais insalubres mecanismos com que a humanidade tem de lidar e que contribuem para a miséria humana. Eles geram insegurança, que por sua vez gera agressividade, que possivelmente produz a violência.

Contudo, existe conhecimento suficiente sobre como lidar com o medo e a preocupação para se poder auxiliar bilhões de seres humanos a viver com fardos mais leves e com menos miséria. É um comentário triste sobre nossa sabedoria coletiva o fato de que os estabelecimentos educacionais em todos os países não incorporaram tais *insights* básicos aos seus currículos. A humanidade atual está mais preocupada em como ganhar a vida do que em aprender a viver. As pessoas estão mais ocupadas em competir do que em como se superar. Elas estão ocupadas demais construindo defesas que protejam e guardem suas inseguranças, e têm muito pouco tempo para explorar suas potencialidades mais elevadas como seres humanos.

Durante muitos anos, eu estive envolvido na condução de estudos de grupo na Sociedade Teosófica sobre assuntos tais como espiritualidade, consciência transpessoal, meditação, *karma* e destino. De início, eu não pude deixar de notar que embora essas ideias fossem avidamente aceitas, era óbvio, a partir de algumas de nossas atitudes e comportamentos, que este conhecimento não estava integrado às nossas vidas diárias. Por exemplo, palestrantes e participantes conversavam sobre qualificações para a vida espiritual, que incluíam a cessação da raiva e do egoísmo, e ainda assim não havia seções dedicadas a como verdadeiramente lidar com a raiva e o egoísmo.

Existe um abismo claro entre o ideal e o real. As discussões a respeito do ideal podem geralmente nos levar a pensar que estamos indo naquela direção, quando de fato não estamos. Nós nos sentimos satisfeitos por estarmos estudando o assunto, por sabermos a respeito, mas estranhamente não estamos preocupados pelo fato de não vivermos esse ideal.

O Seminário de Autotransformação surgiu a partir desta necessidade de se criar uma ponte entre o ideal e o real. Se falamos a respeito do amor, o que exatamente queremos dizer em termos do nosso relacionamento com os nossos maridos/esposas e filhos, amigos e companheiros de trabalho, etc.? É uma declaração verbal de amor? É uma expressão comportamental de carinho? Ou é um estado interior de consciência? Ou são todas essas coisas? Como atualizarmos cada uma delas? Quais são os obstáculos no caminho de sua realização?

Ouvimos dizer que a prova do pudim está no comer. Por isso, devemos fazer perguntas a respeito das conclusões dos nossos estudos e da declaração de nossos ideais. Existe realmente paz interior em nossa vida diária? Estamos livres do medo e da preocupação crônica? Somos facilmente magoados quando alguém irrefletidamente nos diz algo grosseiro? Ficamos deprimidos? As pessoas à nossa volta percebem ou sentem o nosso carinho para com elas?

O Seminário de Autotransformação ensina que é possível crescer rumo a estados de serenidade, de sentido no viver, com a capacidade de efetivamente lidar com os conflitos inevitáveis da vida, como também livrar-se dos grilhões do medo, da raiva e do ressentimento e despertar para a possibilidade do amor e do carinho genuínos. O Seminário afirma que é possível explorar os mais elevados potenciais da vida humana – tais como espiritualidade, intuição e transcendência – sem ter de abandonar os deveres circunstanciais para os quais nascemos ou crescemos.

A Vida que Enfrentamos | 15

O PROBLEMA SOCIAL

O problema social deve inevitavelmente ser enfrentado pelo indivíduo, e ele não tem como escapar disso. Mesmo que vá para as montanhas para se afastar dos outros, um tal afastamento é em si próprio uma tentativa de lidar com os problemas de relacionamento humano, quer sejam interpessoais, sociais ou globais.

Interpessoal. Se ponderarmos a respeito, descobriremos que realmente toda nossa infelicidade deve-se a problemas de relacionamento. Como me disse um amigo, "Eu sei o que é o inferno. O inferno são as pessoas". Quando lemos a respeito de homens de negócios que cometem suicídio devido ao fracasso nos negócios ou à bancarrota, eles assim agem não por causa do dinheiro, mas por causa do medo da humilhação. Os psicólogos observaram que o maior medo da humanidade é o medo da rejeição (que inclui o medo do fracasso e o da execração pública). Nós tememos a rejeição mais do que a morte e a dor.

Se examinarmos o conflito, a raiva, o medo e o ressentimento nos relacionamentos interpessoais, descobriremos que todos eles têm raízes nos nossos condicionamentos, atitudes e caráter individuais. O medo, por exemplo, é o resultado dos condicionamentos daqueles mais velhos do que nós, das escolas ou da mídia. Assim, para lidar com o medo, não é o objeto do medo que devemos examinar, mas os condicionamentos que adquirimos.

Então o que precisamos é transformar a nós mesmos, e não aos outros.

Social. O ambiente social é outra fonte crônica de problemas humanos. Estão aí incluídos crimes, tirania, perda de liberdade, injustiça, corrupção, competição e muitas outras formas de desordem social. Muitos pensadores investigaram a natureza da sociedade ideal, desde Platão com a sua *República* a Thomas Morus com a sua *Utopia*. Dois mil e quinhentos anos de uma tal investigação não tornaram o mundo um local ideal. De muitas maneiras, ele se tornou pior.

Enquanto isso, a estrutura legal da sociedade tornou-se cada vez mais complexa. A cada ano, milhares de novas leis são formuladas, por congressos nacionais até os menores conselhos de aldeias. Essas leis complicam a vida, e descobrimos que elas estão ainda muito distantes da utopia que buscamos.

Existe uma razão fundamental pela qual não podemos criar essa sociedade ideal. A razão está em nós mesmos, seres humanos. Por causa de nossas próprias naturezas atuais, não conseguimos ter uma sociedade ideal.

Há mais de vinte anos visitei Auroville, uma comunidade visionária no sul da Índia estabelecida em honra a Sri Aurobindo, famoso iogue. Um guia nos acompanhou. Os residentes eram em número de vários milhares, vindos de diferentes países do mundo. Antes de serem finalmente aceitos como residentes, eles tinham que passar por uma provação, que segundo vim a saber durava quase um ano. Além das casas para moradia, Auroville tinha uma escola, pequenas fábricas e lojas. Mas um local mencionado pelo guia me chamou a atenção: era uma *loja de gratuidade*. Era como uma outra loja qualquer, exceto que se você visse alguma coisa na loja de que necessitasse, você poderia pegar – gratuitamente. O único requisito feito era que se você tivesse em sua casa alguma coisa de que não precisasse, você doaria à loja.

Eu perguntei ao guia há quanto tempo a loja existia.

"Há dois anos e meio", disse ele.

"Qual é a diferença entre a loja agora comparada com o início?"

"Bem, hoje existem mais itens na loja do que no início".

Pensando em Manilha, minha cidade de origem, eu vi que não era absolutamente possível estabelecer-se uma tal loja lá. Quando, em vários locais, pergunto ao público o que aconteceria se fosse criada uma loja semelhante em suas cidades, as pessoas invariavelmente riem. "Vai durar somente um dia, e tudo sumirá". Alguns até mesmo dizem "uma hora".

Mas qual é a diferença entre as nossas cidades e Auroville? Por que não podemos fazer o que é possível em Auroville?

A resposta está nas pessoas. Aqueles que vão para Auroville, presumo eu, são indivíduos que se situam além da atitude de aquisição

A Vida que Enfrentamos | 17

e ganância comum à média dos cidadãos do mundo. Eles veem que a cooperação e o interesse mútuos são as chaves para a estabilidade e a harmonia social. Isso me fez pensar que se realmente queremos que nossas sociedades mudem, devemos começar com os indivíduos que compõem essas sociedades. Onde não existe transformação individual, a sociedade irá permanecer essencialmente estagnada, apesar dos deslumbrantes avanços tecnológicos.

Mais de quinze anos após minha visita, retornei a Auroville para ver se a loja de gratuidade ainda existia. O que você acha que eu vi? Havia agora duas lojas de gratuidade.

Algum tempo após a minha primeira visita a Auroville, o mundo testemunhou a desintegração dos estados comunistas do leste europeu e da União Soviética. Num curto espaço de tempo, quase todos eles descartaram o comunismo e se voltaram para o sistema de livre-empresa. Naturalmente que se pôde observar amplamente que após setenta anos de experimentação, o comunismo tinha falhado. Marx provara estar errado.

Mas em meio a todos estes comentários sobre o fracasso do comunismo, uma coisa parece ter passado despercebida: esquecemos que o comunismo está prosperando em todo o mundo. Ele foi e continua sendo implementado em várias comunidades que duraram por milhares de anos, sem coerção ou ameaça. Os membros de tais comunidades são aparentemente felizes em permanecer com tais sociedades comunistas, pois são livres para partir a qualquer tempo que quiserem – sem represália ou condenação. Aliás, eles parecem ser mais felizes do que o restante de nós. Quem são estes grupos?

São as ordens monásticas e religiosas em várias regiões do mundo: os monges budistas, os monges trapistas, a Ordem dos Jesuítas, os Carmelitas, etc. Estas comunidades implementaram o famoso axioma de Marx séculos antes de Marx nascer: *a cada um de acordo com suas necessidades, e de cada um de acordo com suas habilidades*. Os membros capazes e saudáveis de tais comunidades trabalham com afinco sem incentivos monetários adicionais, e os fracos e débeis recebem atenção mesmo que mal contribuam para o trabalho de sua comunidade. Existe pouca reclamação a respeito de tal desigualdade, e não ouvimos falar de processos abertos devido à compensação injusta.

Por que a antiga União Soviética não conseguiu, com seu vasto poderio político e militar, levar adiante os princípios comunistas de Marx e estas comunidades religiosas conseguiram, sem o benefício até mesmo de uma guarda de segurança para impor disciplina entre eles?

Mais uma vez somos compelidos a concluir que a diferença está nas pessoas. Não são as regras, nem as leis, que fazem a diferença essencial. São as pessoas. Os cidadãos dos países socialistas, tanto quanto os dos países capitalistas, são geralmente indivíduos autocentrados, gananciosos e cobiçosos que podem estar dispostos a violar as leis para satisfazer suas necessidades e desejos. As pessoas nas comunidades espirituais, por outro lado, transcenderam, até um certo ponto, as tendências egoísticas, aquisitivas do leigo.

No mundo dos negócios, os competidores estão prontos para destruírem uns aos outros. Por quê? Por que não conseguem viver e deixar viver? Mais uma vez, isso se deve à insegurança e desconfiança mútuas, duas atitudes que estão na base de uma série de problemas sociais. Enquanto estas atitudes negativas permanecerem dentro de nós, a verdadeira harmonia social permanecerá um sonho fugidio.

Global. Em cerca de cinco mil anos de história registrada, a guerra tem sido o flagelo da humanidade. Ninguém – salvo raras exceções – gosta de guerra. Nenhuma mãe gosta de enviar seus filhos para os campos de batalha. Nós associamos a guerra ao barbarismo, quando os seres humanos eram governados por suas amídalas (o cérebro dos mamíferos) e não por seus cérebros humanos. À medida que nos tornamos mais "civilizados", no entanto, tornamo-nos mais sofisticados e menos bárbaros, e ainda assim nos tornamos mais capazes de fazer mal do que antes. As guerras tornaram-se mais angustiantes. Em vez de arcos e flechas, usamos minas terrestres, armas biológicas, gases venenosos, bombas nucleares, que irão matar não apenas os assim chamados "inimigos", mas também civis inocentes, mulheres e crianças, que nada têm a ver com a agenda política ou militar dos líderes.

Certa vez perguntaram a Albert Einstein que tipo de arma será usada na terceira guerra mundial. Ele disse: "Eu não sei. Mas eu sei o que usarão na quarta guerra mundial. Usarão pedras".

Será que pactos e tratados resolvem os problemas da guerra? As lições do século XX são prova de que, na melhor das hipóteses, são a bonança em meio às tempestades. A primeira guerra mundial foi amplamente considerada como a última guerra. Porém, mal vinte anos se passaram, e uma guerra pior estourou, liberando as mais pavorosas armas que a humanidade já conheceu, as bombas V2 e a bomba atômica.

Durante a segunda guerra mundial, um total de 56. 4 milhões de pessoas morreram. Nós admitimos que desde o fim da guerra em 1945, o mundo tem desfrutado até agora mais de meio século de paz. Certo? Errado. No último meio século, de acordo com o *Stockholm International Peace Research Institute*, (Instituto Internacional pela Paz de Estocolmo) mais de 20 milhões de pessoas foram mortas devido a guerras e conflitos em várias partes do mundo.

A solução para os conflitos globais não pode ser encontrada em armazenamento de armas com o propósito de servir como meio de intimidação. Nem pode ser encontrada em tratados e acordos, embora estes sejam muito úteis em criar uma paz provisória. A solução só pode ser encontrada na nossa maturidade coletiva, quando uma percentagem significativa da população do mundo tiver transcendido os condicionamentos pessoais e sociais que estão na raiz da insegurança, do medo e da desconfiança internacional, e quando tiver despertado um nível de consciência mais elevado que veja a humanidade como uma família indivisível, independentemente de cor, religião, nacionalidade ou raça.

O PROCESSO DE AUTOTRANSFORMAÇÃO

O processo de autotransformação propõe uma mudança interior necessária para a solução tanto dos problemas pessoais quanto dos problemas sociais da vida. Esse processo não é novo. Ele é encontrado na antiquíssima tradição-sabedoria em todo o mundo, tanto antigo quanto moderno. As pesquisas continuam a afirmar a validade dos princípios dessa abordagem.

Em 1995, os exercícios do processo foram transformados em seminário a que se deu o nome de Seminário de Autotransformação. Desde então esse seminário tem sido ministrado a milhares de pessoas, jovens e idosas, em muitos países tais como Filipinas, Austrália, Inglaterra, Cingapura, Malásia, Indonésia, Índia, Sry Lanka, Bangladesh e Paquistão. As respostas dos participantes são muito positivas. Alguns dizem que desejam não apenas continuar o processo, mas também aprender como conduzir o seminário e se tornarem facilitadores. Eventualmente, cursos de treinamento para facilitadores foram criados em vários países.

2

A Natureza da Autotransformação

Programa de Autotransformação descrito neste livro propõe a autointegração, que serve como fundamento para o viver efetivo. É também uma base indispensável para a paz interpessoal, social e global de longo alcance, assim como uma preparação necessária para a vida espiritual.

A autotransformação consiste de quatro aspectos:
1. Revisão do nosso mapa de realidade pessoal;
2. Esclarecimento dos nossos valores;
3. Autocontrole;
4. Transcendência.

Cada aspecto é uma parte essencial do todo. Quando um dos aspectos não está presente, o processo de transformação não fica amplamente integrado.[1] As fontes internas de conflito e discórdia continuarão a estar presentes. O quarto aspecto, a transcendência, geralmente surge mais tarde na vida da maioria das pessoas. Mas o seu início pode ser encontrado quando esclarecemos nossos valores e aspectos de autodomínio.

REVISÃO DO NOSSO MAPA DE REALIDADE PESSOAL

Somos produtos dos nossos condicionamentos, que são padrões de reações específicas a determinados estímulos, tais como sons, objetos, indivíduos, profissões, animais, memórias, situações, etc.

Neste livro, usamos o termo "condicionamento" para nos referirmos ao conjunto de comportamentos e padrões de pensamento que foram adquiridos – geralmente de maneira indiscriminada – a partir de nossas experiências, incluindo crenças e atitudes. Assim, usamos esse termo num sentido mais amplo do que como é geralmente utilizado na psicologia (condicionamento clássico e operante). As atitudes culturais e as crenças religiosas, por exemplo, seriam partes de tais condicionamentos, até o ponto onde foram implantadas pela sociedade na mente da pessoa. O modo como nos comportamos, como nos sentimos, como pensamos, nossas atitudes, gostos e aversões, nossas crenças e perspectivas – todas essas coisas são frutos de condicionamentos. Nós adquirimos e escolhemos estes condicionamentos à medida que crescemos, desde o ventre. Estes condicionamentos constituem a nossa visão de mundo, o nosso mapa de realidade. As nossas atitudes e medos, o curso superior que escolhemos, o marido ou a esposa que selecionamos, nossos pratos favoritos, o lazer que preferimos – nada mais são que resultados de extensas cadeias de causas que se originam a partir dos condicionamentos básicos. E estes determinam a qualidade e o significado de nossa vida, nossa felicidade ou infelicidade. Eles determinam nosso destino.

Infelizmente, nossos condicionamentos não são bem planejados. Nós os adquirimos de maneira assistemática e via de regra inconscientemente, resultando em padrões de reações perniciosos, tais como medo e preconceito, que tornam a vida miserável e ineficaz, e crenças que são errôneas, particularmente aquelas que beiram a superstição.

Edna, uma diligente secretária, estava sempre com pouco dinheiro e geralmente precisava da assistência financeira de parentes ou de outras pessoas. Quando lhe perguntavam se tinha alguma poupança, ela dizia que não tinha nenhuma. Ao lhe perguntarem por que não economizava, ela dizia que sua mãe lhe proibira de economizar. A mãe lhe dissera que quando a pessoa faz economias, o infortúnio entra em sua vida. Ela não conseguiu se aperceber de que quando o infortúnio chegou de fato, a família precisou pedir emprestado das economias dos outros.

Quando crianças, não temos escolha quanto a esses condicionamentos que nos são impostos pelos mais velhos e pelo nosso ambiente, tais como a escola, a televisão e a mídia. Somos, na verdade, vítimas de nossos condicionamentos. Quando não os revisamos, continuamos a ser vítimas impotentes ao longo de toda nossa vida.

Portanto, o processo de transformação deve revisar todos estes condicionamentos, e deve começar com a nossa visão de mundo, a nossa compreensão sobre a finalidade da vida. Por exemplo, a nossa visão de mundo a respeito do propósito da vida é grandemente determinada por nossos pais. Crescemos expostos ao que é significativo para nossos pais – o lucro e a perda nos negócios, os problemas no escritório, o medo de cometer pecados, a necessidade de ir à igreja todo domingo, etc. Dia a dia, o que vemos e ouvimos de nossos pais e dos mais velhos constitui a argamassa que constrói o edifício do qual visualizamos o mundo. Quando este edifício é construído com janelas que têm vidraças distorcidas, então vemos a vida distorcida, e somos ineficazes para lidarmos com ela. As nossas soluções não funcionam, porque não conseguimos entender os problemas. Pelo fato de não conseguirmos lidar com os problemas da vida, reclamamos que a vida é cruel, injusta, terrível ou opressiva. E então nos comportamos de maneira defensiva, nos retiramos, ou nos tornamos endurecidos, agressivos ou valentões.

Esta emaranhada e tortuosa rede de condicionamentos é difícil de se ver, e difícil de se desfazer. A pessoa comum caminha pela vida carregando, quase inconscientemente, os padrões de tais condicionamentos – vivendo e se comportando de acordo com os sulcos gravados desde a infância.

Num sentido profundo, estamos adormecidos. Movemo-nos como robôs ou autômatos, obedientemente dando cumprimento à programação confusa de nossa psique. O primeiro estágio para a iluminação é estar perceptivo de que estamos nos movendo mecanicamente, de acordo com padrões condicionados preestabelecidos.

Contrariamente à maioria dos seres humanos, Buda, o Iluminado, ao ser perguntado: "Qual é a diferença entre você e as outras pessoas?", respondeu: "Não existe diferença entre mim e as outras pessoas, exceto que eu estou desperto".

Esta revisão contínua do nosso mapa de realidade pessoal é um processo ininterrupto. Mas quando começamos o processo de autotransformação, certos elementos deste conhecimento são essenciais para efetuar a mudança. Esses elementos estão abordados no Capítulo 3.

ESCLARECIMENTO DE VALORES

Após termos revisado as nossas concepções a respeito da vida, devemos agora esclarecer duas coisas: (1) os princípios sobre os quais nossas ações estarão baseadas, e (2) nossas prioridades. Isso quer dizer que devemos ter clareza quanto aos valores que queremos que nos guiem na vida.

Os valores são objetos ou princípios que valem a pena ser perseguidos. Eles valem a pena, por isso são chamados de valores. Vale a pena ter paz interior; por isso a paz interior é um valor. Existem três tipos de valores:

1. Valores Universais ou Valores Essenciais. São valores prezados por todos os seres humanos ou (1) por causa de sua natureza intrínseca ou (2) pelo simples fato de sermos humanos. Por exemplo, a verdade como realidade objetiva (distinta da sinceridade) é buscada por si mesma, porque não faz sentido buscar a irrealidade, a não ser que sejamos psicologicamente desequilibrados. A natureza intrínseca da verdade a torna um valor universal. Por outro lado, existem valores que são buscados universalmente devido à nossa natureza humana. A felicidade, por exemplo, é buscada por todos os seres humanos porque somos psicológica e biologicamente construídos dessa maneira. Ninguém deliberadamente busca a infelicidade. Mesmo os masoquistas buscam a autossatisfação.

2. Valores Sociais e Culturais. Esses valores mudam de acordo com o tempo e o lugar. Revisá-los é extremamente importante para nos libertarmos dos condicionamentos. Muitos desses valores são adquiridos inconscientemente; não são questionados e tendem a dominar nossa perspectiva e nosso pensamento. De muitas maneiras, nos identificamos tanto com os valores de nossa cultura, que mudar os nossos valores é como mudar a nós mesmos. Esta é uma decisão que devemos enfrentar, pois muitos destes valores sociais, culturais e religiosos são, psicológica e espiritualmente, obstáculos ao crescimento saudável. Alguns daqueles que são chamados valores religiosos pertencem a esta categoria, enquanto alguns pertencem à categoria dos valores universais.

3. Valores Pessoais. Estes são os que valem a pena para o indivíduo, e que diferem de pessoa para pessoa. Uma pessoa pode prezar a solidão, e uma outra pode apreciar companhia. Uma pessoa pode dar um valor supremo aos problemas de família, enquanto outra dará à carreira profissional.

É importante compreender que a paz interior e a harmonia social não são alcançáveis quando os valores culturais, sociais e pessoais são contrários aos valores universais. Assim, um princípio fundamental na autotransformação é que os valores pessoais devem estar alinhados aos valores universais. Mas para assim fazer, devemos entender a validade e o mérito dos valores universais.

No seminário e nos capítulos seguintes, você irá notar que a discussão sobre valores está colocada após o autodomínio. Embora, logicamente, os valores devam preceder o autodomínio, eu aprendi pela experiência que as pessoas acham difícil apreciar a integração dos valores universais às suas vidas a não ser que tenham lidado, elas mesmas, com os conflitos interiores.

AUTODOMÍNIO

Se tivermos uma vaga ideia do que vale a pena perseguir na vida, será que conseguiremos realmente fazer isso? Será que poderemos escalar a montanha de nossos sonhos e não apenas sonhar a respeito? Ou é difícil demais? Existem obstáculos demais?

Antes de mais nada, precisamos ver que o principal obstáculo a importunar nossa visão somos nós mesmos. Não são as circunstâncias, nem as outras pessoas que tornam a jornada difícil. Nós somos nossos piores inimigos. Nós temos o potencial para transformar nossas vidas nos nossos mais elevados ideais. Porém, geralmente somos apanhados no erro fundamental de culpar as circunstâncias externas pelo nosso fracasso. O fracasso surge sempre do interior.

O autodomínio é uma chave crucial no processo de autotransformação. É o passo mais importante que leva à mudança. Com ele, podemos obter *insights* a respeito de nossa própria natureza, da dinâmica interna de nossa psique e do nosso corpo. Duas ideias importantes estão radicadas no autodomínio:

1. Autopercepção;
2. Liberdade dos condicionamentos perniciosos.

A primeira é a chave para a segunda. A segunda é a chave para a libertação.

Para atingir o autodomínio, temos que observar certos aspectos da personalidade, tais como:

- Raiva
- Medo
- Ressentimento e ódio
- Reações automáticas
- Mau humor, depressão, solidão
- Necessidades
- Egoísmo

Uma área que precisa de atenção especial em nossa discussão sobre o autodomínio é a eficiência nos relacionamentos. Afora o fato de lidar com os nossos condicionamentos, é essencial aprendermos abordagens fundamentais para relacionamentos eficazes. Por isso este livro está dedicando um capítulo a essa questão.

TRANSCENDÊNCIA

O pináculo da autotransformação é a descoberta de nossa natureza superior – nossa verdadeira natureza. Esta realização nos liberta da prisão da personalidade ou dos veículos que usamos. Como mencionamos acima, a personalidade é essencialmente um produto dos condicionamentos, e somos virtualmente prisioneiros de tais condicionamentos. A descoberta daquilo que está além da personalidade é a chave para a liberdade. Quando os místicos falam sobre liberação ou *moksha*, de estar desperto, ou de ser autorrealizado, eles se referem a esta liberdade transcendente. É uma jornada que vale a pena perseguir, porque de outro modo estamos espojando-nos nesta prisão.

A verdadeira motivação para a autotransformação é o descontentamento interior, o "divino descontentamento" de que falam os místicos. É um anelo que não surge de nossos condicionamentos, e sim do florescimento de uma natureza interior que transcende a personalidade exterior. É divina porque emana de nossa natureza espiritual e não de ambições e desejos condicionados. Quando nossa motivação é meramente tornarmo-nos melhores ou "aperfeiçoarmo-nos" para sermos "mais bem-sucedidos ou mais eficazes", então o ímpeto para a transformação terá vida curta. Irá cessar quando deixarmos de sentir a pressão dos problemas que nos incentivaram para que melhorássemos, mesmo que não tenhamos realmente nos aperfeiçoado.

A transcendência refere-se a um estado expandido de percepção e experiência que vai além dos níveis ordinários de fazer, sentir e pensar. É uma realização de nosso pleno potencial, do que podemos nos tornar. Mas nos leva também além do simples autodomínio até uma compreensão mais ampla da natureza da vida e do Cosmo. Através dela, deixamos de ser prisioneiros deste mundo-prisão no qual tipicamente nos encontramos.

A consciência transcendente é o verdadeiro fator integrante dentro de nós. Quando ela desperta, tornamo-nos perceptivos de uma bússola interior que guia nossa vida, e então somos capazes de determinar quais condicionamentos são saudáveis e quais não são. Essa consciência também se torna perceptiva dos conflitos, e é o juiz interno de como tais conflitos devem ser resolvidos. Antes do seu despertar, o destino da personalidade é determinado pelo condicionamento externo, e os conflitos são resolvidos pelo condicionamento (medo, desejo, crença, ressentimento etc.) que for mais forte. Mas

A Natureza da Autotransformação

quando esta consciência superior está desperta, ela pode reduzir o controle destes condicionamentos.

A verdadeira paz interior tem raízes no despertar do transcendente dentro de nós. A clara compreensão sobre isso está bem demonstrada nas experiências independentes dos sábios ao longo de milhares de anos. Mas isso não significa afastamento. Transcendência não é uma rejeição nem uma rebelião. Simplesmente crescemos além dos limites atuais de nossa compreensão. Continuamos a apreciar e a aplicar a utilidade do nosso conhecimento prévio mas, sob a nova luz dessa compreensão mais abrangente. Exatamente como quando ficamos velhos demais para os brinquedos de nossa infância, nós não os rejeitamos. Somos livres para brincar com eles ou não, mas eles não mais desempenham um papel importante em nossas vidas. Nós os vemos como eles realmente são, e não como tesouros que devemos guardar com unhas e dentes, como fazíamos quando éramos crianças e quando não queríamos largá-los ou sequer emprestá-los aos outros.

O processo de autotransformação descrito neste livro abrange os quatro aspectos da autotransformação: (1) revisão do nosso mapa de realidade pessoal, (2) esclarecimento dos nossos valores, (3) autodomínio e (4) transcendência. Para a maioria das pessoas, no entanto, os mais relevantes são os três primeiros. Isso é natural. O quarto estágio, a transcendência, é algo que tem de emergir espontaneamente. Não é algo que possa ser forçado. Trabalhar sobre os três primeiros, portanto, irá nutrir e induzir o surgimento do quarto.

ESPIRITUALIDADE E AUTOTRANSFORMAÇÃO

Muitas pessoas perguntam: "É necessário trabalhar sobre os fatores físico, emocional e outros fatores psicológicos para se seguir a vida espiritual?".

Sim, é. As razões são óbvias, mas por algum motivo muitas pessoas que aspiram ao que pensam ser a vida espiritual frequentemente preferem ignorar a necessidade de cuidar de sua existência mundana. Na verdade, elas escolhem o caminho da supressão e da negação, que a curto e a longo prazo tornam-se obstáculos à vida transcendente. Os conflitos ou as fraquezas da personalidade atraem a consciência para estes níveis. Nós nos identificamos com essas questões através do apego. São necessários dois tipos de preparações para a vida espiritual. O primeiro é a purificação; o segundo é a construção da estrutura. A purificação é a limpeza do condicionamentos perniciosos da personalidade, tais como medo, culpa, ressentimento e tendência à raiva. A construção da estrutura é o fortalecimento de nossas capacidades para lidar com as circunstâncias complexas da vida. A timidez denota uma fraca estrutura psicológica. A positividade é uma estrutura saudável. A primazia da vontade sobre os hábitos é saudável. A preguiça crônica não o é; significa que os veículos externos não estão bem integrados com a nossa natureza superior.

A espiritualidade não está desconectada das experiências físicas e psicológicas, não está separada da vida mundana. Quando há fraqueza numa faceta, a outra é afetada.

A autotransformação, portanto, tem um impulso dual: a transformação e a purificação da personalidade exterior e o despertar e fortalecimento do eu interior. Este impulso dual assume um terceiro aspecto: a interação harmoniosa entre o Eu Superior e o inferior, tornando o inferior subserviente ao superior.

Notas:
1. Eu me refiro à autotransformação, no sentido geral, como um processo de uma "ação de se mover para adiante progressivamente de um ponto a outro no caminho que leva à perfeição". Não se deve confundir isso com o uso especial dos termos *processo* e *processamento* nos capítulos subsequentes deste livro, especificamente, o processamento da autopercepção. Este último é apenas uma parte de todo o processo de autotransformação.

A Natureza da Autotransformação

3
A Nossa Natureza Humana

No processo de autotransformação, revisamos os seguintes aspectos do mapa de realidade:

- A natureza do ser humano
- Os efeitos do condicionamento na vida humana
- O poder para mudar o condicionamento e moldar nosso destino – a autoiniciativa
- A perfectibilidade humana

Outros tópicos tais como *karma*, vida após a morte, renascimento, e a unidade da vida são também importantes numa revisão assim, mas não são discutidos no seminário nem neste livro. As restrições de tempo limitam o seminário à consideração daqueles aspectos que são imediatamente relevantes à autotransformação.

A NATUREZA DO SER HUMANO

O nosso estudo da natureza humana é a chave para o processo de autotransformação. É a base de muitos *insights*, princípios, métodos e abordagens que são ensinados no seminário. Portanto, é importante que tenhamos uma compreensão da natureza humana e que sejamos capazes de verificar sua validade a partir de nossa própria observação e experiência. De modo semelhante, devemos estar familiarizados com a correspondência de nossa compreensão da natureza humana com os ensinamentos das tradições espirituais no mundo.

Nós possuímos níveis de consciência, como mostrado na figura 1. A experiência humana, incluindo nossas reações aos eventos externos, pode ser melhor compreendida quando estamos familiarizados com estas camadas de consciência.

Figura 1: *Níveis de Consciência*

Planos de Consciência	Equivalente em Sânscrito	
Espírito	Atma	Individualidade ou Eu Interior
Transcendente	Buddhi	
Mental Superior	Arupa Manas	
Mental Inferior	Rupa Manas	
Físico Emocional	Kama	
Duplo Etérico	Linga Sharira	
Corpo Denso	Sthula Sharira	Personalidade ou Eu Exterior

Corpo Físico: O corpo físico é composto de:
• Corpo material denso: o conteúdo sólido, líquido e gasoso do nosso corpo físico;
• Duplo etérico: O "corpo bioplasmático", cujas emanações são muitas vezes registradas pela Fotografia Kirlian. É uma réplica exata do corpo denso, mas composto de matéria etérica invisível ao olho normal (embora pouquíssimas pessoas consigam ver estas emanações). O brilho emitido por este corpo é o que tem sido tradicionalmente chamado de aura humana.

O duplo etérico é o veículo para a circulação do que é conhecido como *ch'i* (*qi* em pinyin), ou *prana*. Esta energia é a mesma coisa que o *orgone* de Wilhelm Reich e a força odílica ou ódica do Barão von Reichenbach. O médico inglês W. Kilner deu às emanações o nome de "atmosfera humana" e escreveu suas pesquisas no livro de mesmo nome (depois reintitulado *The Human Aura*).[1] A Dra. Thelma Moss, que tem conduzido inúmeras pesquisas sobre esta força através da fotografia Kirlian, chama-a de bioenergia.[2]

O conhecimento deste duplo etérico e da energia que ele transmite é muito importante na compreensão de certos fenômenos que há séculos vêm intrigando a humanidade. Ele está por trás do que é chamado cura magnética, cura pela mão ou cura *prânica*. O Mesmerismo, popularizado por Anton Mesmer, só é possível através da manipulação desta energia. Envolve mudanças no duplo etérico e nos movimentos da energia vital, que Mesmer chamou de "magnetismo animal". O Mesmerismo é muitas vezes equivocadamente considerado idêntico ao hipnotismo, mas este último é apenas um fenômeno psicológico que permite ao hipnotizador dar instruções diretas ao subconsciente sem a censura do ego consciente, enquanto o Mesmerismo é o controle ou manipulação da energia vital que afeta não apenas o corpo, mas também a mente.

O controle sobre este duplo etérico e sua energia explica fenômenos tais como animação suspensa, na qual faquires são enterrados durante dias sem alimento ou oxigênio e permanecem vivos; telecinesia, ou capacidade da mente de mover objetos físicos; e cirurgia psíquica, na qual o corpo físico é aberto com as mãos nuas e fechado sem cicatrizes.

Esta energia está também por trás de fenômenos documentados de pessoas que permanecem vivas e saudáveis sem se alimentar ou tomar líquidos durante décadas, tais como Therese Neumann de Konnersreuth, Alemanha, e Giri Bala da Índia.[3] Ela é a base da prática e da cura *ch'i* (*quigong*), da acupuntura e da terapia *shiatsu*.

Corpo Emocional: Chamado de *kama* nas tradições orientais, esta é uma outra camada ou plano de consciência estreitamente conectada à estrutura psicoetérica. É a sede das emoções e torna-se um corpo separado após a morte da pessoa.

Mental Inferior: Este é o nível do pensamento concreto, como quando pensamos em objetos específicos como uma determinada cadeira, cavalo, pessoa ou palavra. Os pensamentos neste nível têm forma, cor, contorno, nome ou som. Por isso, em sânscrito, este corpo é geralmente chamado *rupa manas* ou "forma-mente". A literatura teosófica refere-se a ele como mente "concreta".

Mental Superior: O pensamento abstrato ou conceitual ocorre neste nível de consciência. Os pensamentos aqui são sem forma, por isso são chamados *arupa manas*, "mente sem forma". Por exemplo, quando entendemos a essência do infinito, não pensamos em imagens particulares de objetos. Para compreender o infinito, não precisamos imaginar o espaço negro (embora quase que automaticamente o façamos). Se imaginarmos o espaço exterior com estrelas e planetas, é a mente concreta funcionando.

Transcendente: Aqui jaz a esfera da consciência espiritual, contemplativa, ou mística, chamada *Bhuddi* ou *prajña* no Oriente. A verdadeira intuição ocorre nesta esfera. A intuição não é a mesma coisa que percepção extrassensorial tais como telepatia ou clarividência. Este último grupo pertence à personalidade, enquanto a intuição pertence à individualidade.
Semelhantemente aos outros planos de consciência, o plano transcendente possui muitos subplanos e aspectos. A iluminação ocorre neste plano. Uma tal iluminação tem múltiplos níveis, chamados de vários tipos de *Samadhi* ou *satori* no Oriente. Este tema será abordado novamente quando tratarmos da transcendência na parte posterior deste volume.

Espírito ou Eu Superior. Santa Teresa de Ávila refere-se à experiência neste nível como "união", distinta de iluminação. É o pináculo da vida mística. É o *Nirvana* do Budismo. Aquele que atinge este estado é chamado de indivíduo autorrealizado, isto é, alguém que atingiu a mais profunda realização de sua verdadeira natureza. Os teósofos referem-se a isso como a realização da natureza de *Atma* na pessoa.

A NATUREZA DUAL DO SER HUMANO

Os seis planos acima (ou 7, se o plano físico for considerado como dual) são divisíveis em dois importantes grupos: a individualidade e a personalidade, ou o eu superior e o eu inferior. Cada grupo pode ser simbolizado por um triângulo, um voltado para cima e outro invertido (ver Figura 2).

Cada grupo possui características distintas, cuja compreensão é vital à autotransformação.

A personalidade, ou triângulo inferior, é um produto do condicionamento e de comportamentos primeiramente em resposta àquele condicionamento. É guiada pelos desejos e necessidades, e por isso é autocentrada. A personalidade pensa em termos de que benefício pode obter de algo ou de que dor pode evitar.

Figura 2: O Eu Superior e o Eu Inferior

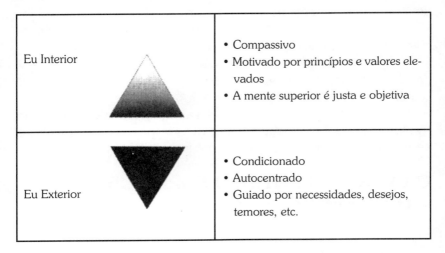

Eu Interior	• Compassivo • Motivado por princípios e valores elevados • A mente superior é justa e objetiva
Eu Exterior	• Condicionado • Autocentrado • Guiado por necessidades, desejos, temores, etc.

A individualidade, ou triângulo superior, é diferente. Começando com a mente superior, ela é objetiva ao visualizar as coisas e por isso é justa e impessoal.

QUEM VOCÊ GOSTARIA QUE VENCESSE?

Para compreender a diferença entre a mente superior e a personalidade, tente responder a esta pergunta: se o seu filho quisesse participar de uma competição, quem você gostaria que vencesse a competição? (Antes de continuar, faça uma pausa para responder à pergunta).

Praticamente todas as pessoas responderão: "O meu filho". Nada de anormal. Porém, você também não deseja que o melhor competidor vença, quer seja ou não o seu filho? (Faça uma pausa para considerar esta pergunta).

A maioria das pessoas diz: "Sim, eu quero que o melhor competidor vença". (Poucas são suficientemente honestas para admitir que ainda querem que seu filho vença, mesmo que ele não seja o melhor).

Agora tente responder novamente: se o seu filho fosse participar de uma competição, quem você gostaria que vencesse? (Faça uma pausa novamente para considerar).

Muitas pessoas respondem: "Eu quero que vença o melhor competidor", e muitos permanecerão em silêncio.

Para aqueles de vocês que disseram que "o melhor competidor deve vencer", você também não quer, ao mesmo tempo, que o seu filho vença?

Quase todos balançam a cabeça afirmativamente em resposta a essa pergunta. Em verdade, temos duas respostas para uma única pergunta, e as duas são quase sempre incompatíveis.

O CONFLITO ENTRE O SUPERIOR E O INFERIOR

Temos aqui um importante *insight* que é a chave para o processo de autotransformação. Nós, seres humanos, possuímos uma natureza dual. Nossas duas respostas diferentes provêm destas duas naturezas diferentes: os triângulos superior e inferior. O eu inferior ou personalidade quer que seu filho vença – pois é basicamente autocentrado e guiado pelo desejo. A mente superior, no entanto, é impessoal e por isso é mais capaz de ver as coisas sem ser influenciada pelos matizes dos nossos desejos. Ela imediatamente vê a verdade de que o melhor competidor deve vencer.

As pessoas cujo eu inferior é dominante tendem a trabalhar para que seus filhos vençam. Elas podem até mesmo subornar os juízes ou chantageá-los. As pessoas cuja mente superior é dominante são capazes de alegremente aceitar a derrota de seus filhos. Elas imediatamente veem (ou intuem) que é justo e certo que o melhor competidor vença, mesmo que não seja o seu próprio filho.

Aqui está uma indicação tremendamente significativa da observação acima a respeito das tendências dos eus superior e inferior:

As pessoas dominadas por suas personalidades inferiores são candidatas ao desapontamento, frustração e infelicidade, sendo capazes também de praticar injustiça para atingir suas metas. Elas são as fontes de problemas neste mundo.

Por outro lado, os indivíduos cujos eus superiores são dominantes, conseguem aceitar a realidade como ela é. Veem mais claramente o que é certo e o que não é, e não ficam infelizes com as consequências quando essas estão baseadas em princípios justos. Essas pessoas tendem a ser mais felizes, a ter mais paz e mais contentamento do que aquelas cujos triângulos inferiores são dominantes.

LEITURA SUPLEMENTAR

Certos livros são úteis na continuação do estudo da natureza humana como esboçado acima. Eu lhes encorajo a se familiarizarem com a apresentação teosófica dos vários planos de consciência e sugiro os seguintes livros:

A Sabedoria Antiga, de Annie Besant (Ed. Teosófica).

A Chave para a Teosofia, de H.P. Blavatsky (Ed. Teosófica).

No século passado foram feitas muitas classificações diferentes a respeito dos níveis de consciência humana, e uma tentativa para comparar muitas delas poderá ser encontrada em *Integral Psychology*, de Ken Wilber (Ed. Shambala). Este livro possui uma multiplicidade de mapas que comparam a estratificação da consciência na visão de escritores e grupos tais como Aurobindo, Piaget, Sofisma, Cabala, Vedanta e Budismo.

Entre os escritos teosóficos, algumas mudanças foram feitas na classificação e na nomenclatura nos últimos cem anos com referência aos planos de consciência humana. Na literatura antiga, particularmente nos escritos de H.P. Blavatsky, os quatro princípios da personalidade inferior consistiam de *kama* (emoções), *prana* (energia vital), *linga sharira* (duplo etérico) e *sthula sharira* (corpo físico). A literatura posterior dá ênfase aos veículos ou planos e considera *prana* como uma energia que flui através dos veículos.

O termo *corpo astral* foi usado também por H.P. Blavatsky para se referir ao *linga sharira* ou duplo etérico. Escritores posteriores como Annie Besant e C.W. Leadbeater usaram o termo corpo astral para fazer referência ao corpo emocional ou *kama rupa*. Por isso, para evitar qualquer confusão, o termo corpo astral não foi usado neste livro.

Notas:
1. Kilner, W., *The Aura* (New York: Samuel Weiser, 1973).
2. Moss, Thelma, *The Probability of the Impossible* (New York: New American Library, 1974), p. 23ff.
3. Yogananda, Paramahamsa, *A Autobiografia de um Iogue,* São Paulo, Ed. Summus, 1981.

4

A Natureza do Condicionamento Humano

A compreensão de que nossa personalidade é produto do condicionamento é extremamente importante, e constitui uma outra chave para o processo de autotransformação.

Os condicionamentos primários que são mais suscetíveis aos conflitos internos e externos são os seguintes:

- Reações de medo
- Preconceitos, gostos e aversões
- Ressentimentos e apegos
- Mecanismos de defesa: estresse, irritação e raiva

O campo da psicologia behaviorista surgiu a partir da compreensão do poder opressivo do condicionamento na vida de um indivíduo. B.F. Skinner, o famoso expoente do behaviorismo, afirmava que era capaz de produzir qualquer tipo de ser humano – sacerdote, soldado, criminoso, homem de negócios, etc. – se a pessoa lhe fosse confiada desde bebê até se tornar adulta.

Embora o behaviorismo seja seriamente inadequado como estrutura para a compreensão da psique humana, ele valida o papel central do condicionamento na formação de pensamentos, atitudes, padrões de reação e hábitos dos indivíduos.

Os condicionamentos podem aprofundar-se no subconsciente, e é onde causam o máximo dano (ou benefício). A pessoa pode ter tido medo de um determinado gato quando ainda jovem. Quando este medo não é processado de maneira apropriada pela mente consciente, ele vai para o subconsciente. Futuramente, para essa pessoa, todos os gatos podem ser assustadores.

Quando aprendemos a dirigir, primeiramente temos que, conscientemente, decidir pisar no freio quando aparecer o sinal vermelho, ou uma pessoa estiver atravessando. Após repetidas ações semelhantes, somos então condicionados a pisar no freio quando vemos o sinal vermelho. Fazemos isso mesmo em meio a uma conversa com uma outra pessoa, até mesmo sem deliberação ou pensamento. Aliás, pode-se dizer que os motoristas sequer decidem pisar no freio – o seu condicionamento age automaticamente.

MECANISMOS

Cada condicionamento é como se fosse um botão que aciona a nossa mente subconsciente. Quando um tipo específico de estímulo é percebido, o mecanismo de um determinado tipo de condicionamento é acionado, disparando uma reação automática.

Um diagrama simplificado pode ajudar a ilustrar como esses mecanismos são acumulados (ver Figura 3).

Figura 3: Formação dos Mecanismos

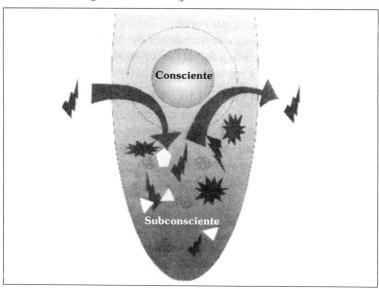

Uma experiência emocionalmente aflitiva passa-se em parte através da nossa mente consciente e em parte através da nossa consciência periférica. A mente consciente pode sentir e processar diretamente a aflição, mas a consciência periférica tende a rejeitar a dor e a evitá-la. A parte da experiência que não é plenamente experienciada pela mente consciente afunda no subconsciente como uma aflição não processada ou não resolvida e torna-se um mecanismo. Torna-se uma congestão de energia que se perpetua devido à nova energia aflitiva gerada pelas experiências subsequentes e que novamente não são completamente processadas. Por causa do mecanismo inicial, existe uma tendência a evitar experiências subsequentes do mesmo tipo, reforçando, desse modo, a aflição prévia não resolvida e os comportamentos evasivos.

Se a nossa faculdade racional for fraca, então a perpetuação da experiência aflitiva pode ter efeito regressivo, fazendo a psique retirar-se para um casulo autodefensivo. Se for forte, então podemos equilibrar a reação de retirada com ações ou decisões opostas tomadas pela vontade consciente, embora um tal ato de equilíbrio não necessariamente apague o que já havia sido acionado.

Discutiremos a natureza da consciência periférica mais completamente, incluindo a da consciência superconsciente ou transcendente, no Capítulo 6.

A INFLUÊNCIA PENETRANTE DOS CONDICIONAMENTOS

O subconsciente condicionado é às vezes chamado de nossa segunda mente. É praticamente independente da mente consciente. Aliás, é tão autodirecionado que é preciso um esforço tremendo da mente consciente para obter de volta o controle sobre o padrão de reação da mente subconsciente.

Quando gostamos de sorvete de chocolate, ou quando não gostamos de pessoas com bigodes, ou reagimos com raiva por sermos chamados de gordos, todas essas coisas não são mais reações da mente consciente. São reações da mente subconsciente condicionada. A minha mente consciente gostaria de não ter medo de gatos porque sabe que eles são mansos e engraçadinhos quando no colo de um amigo, mas a minha mente subconsciente desconsidera esta compreensão consciente, e o medo se apossa de todo o meu organismo.

No caso da dor emocional, na qual não é permitido à energia envolvida na experiência dolorosa fluir naturalmente, as respostas condicionadas são congeladas no nosso subconsciente. A energia permanece como uma congestão no sistema psicofisiológico e é disparada automaticamente toda vez que é ativada por um estímulo.

Isso é hipoteticamente verdadeiro com relação a todos os tipos de condicionamentos, mas se é que podemos generalizar e estender essa hipótese a todos os casos, é algo que precisa ser visto.

A influência do nosso condicionamento é penetrante e inclui nossas ambições, pontos de vista religiosos, filosofia de vida, carreiras, comportamento nos relacionamentos e até mesmo pequeninas coisas tais como se calçamos as meias primeiramente no nosso pé direito ou no esquerdo.

A nossa visão de mundo é moldada por inúmeras influências. As principais são:

- Os pais ou as pessoas com quem somos criados
- Professores
- Televisão e filmes
- Nossos pares
- Livros e revistas
- Experiências de vida

Até que desenvolvamos a autopercepção, mal escolhemos os nossos condicionamentos. Na maioria das vezes, eles simplesmente nos acontecem. É particularmente assim com as pessoas cujo eu interior ou cuja natureza interior tenha sido constantemente oprimida devido ao medo. Mas se formos colocados num ambiente de crescimento, com amplas oportunidades para a autodescoberta, então poderemos em tenra idade assumir um papel mais significativo em aceitar ou rejeitar os condicionamentos potenciais. Este é o papel vital de uma abordagem educacional iluminada.

O PODER DE OBTER O DOMÍNIO SOBRE NOSSOS CONDICIONAMENTOS

Os conflitos nos condicionamentos envolvem o seguinte:

- *Parte da personalidade vs. outra parte da personalidade*: Há condicionamentos incompatíveis na mente subconsciente ou triângulo externo, como, por exemplo, o desejo de viajar e o medo de andar de avião.
- *Mente superior vs. parte da personalidade*: Um conflito entre princípios ou realidades percebido pela mente superior e os interesses ou as necessidades da personalidade inferior.

No primeiro caso, o conflito é resolvido extinguindo-se um dos condicionamentos. No segundo, é resolvido pelo fortalecimento do eu interior e mudando-se o condicionamento do eu exterior pelo alinhamento deste com os valores do superior.

O fortalecimento de nossa natureza interior é a chave para o domínio sobre o nosso eu exterior. Não estamos simplesmente tentando recondicionar os hábitos do eu exterior, mas em vez disso torná-lo subserviente aos ditames do eu interior.

A terceira parte do processo de autotransformação, ou autodomínio, é devotada à neutralização dos condicionamentos indesejáveis e à formação de condicionamentos saudáveis. Uma mudança assim está baseada em nossa clareza a respeito de nossos valores e prioridades.

5

A Perfectibilidade Humana

Um outro aspecto que precisamos explorar é a perfectibilidade de todo ser humano.

Todos os indivíduos são como sementes que possuem o pleno potencial da planta trancado dentro de si. O desenvolvimento harmonioso do potencial da pessoa resulta na autorrealização. Esse estado é o ponto culminante das antigas e modernas práticas espirituais e místicas do mundo.

Nascemos imperfeitos (com a semente da perfeição enterrada profundamente dentro de nós), de pais imperfeitos, dentro de uma sociedade imperfeita. Como resultado dessas origens imperfeitas, repetidas vezes estragamos nossas vidas, ferimo-nos física e psicologicamente, e frequentemente sentimos a mágoa e a dor do viver.

Felizmente, há evidências suficientes de que a vida não precisa ser vivida desta maneira. Existem seres humanos – e eles são muitos – que descobriram as chaves para pôr fim à dor, que descobriram as realidades superiores da vida, e tiveram a compreensão do profundo potencial do ser humano, ou seja, a perfeição humana.

A perfectibilidade humana não significa que nos tornamos deuses, da mesma maneira que um cão perfeito não se torna um deus. Ainda é um cão, mas um cão que atingiu os mais elevados potenciais caninos. Mas a perfeição significa de fato que despertamos potenciais dentro de nós mesmos que podem fazer-nos parecer super--humanos. Assim, temos personagens históricos como Gandhi, Cristo, Buda, Apolônio de Tiana, Conde de Saint Germain, Francisco de Assis e outros que são considerados perfeitos e tratados com reverência, pois parecem ter atingido um nível de potencial e maturidade que os eleva para além do que é comum.

A moderna psicologia tem, até certo ponto, reconhecido este fenômeno. Abraham Maslow refere-se a essas pessoas como indivíduos autorrealizados (embora o conceito oriental de perfeição vá além desse conceito de Maslow). Carl Jung dá a este processo de maturação o nome de "individuação", no qual o indivíduo transcende o ego e realiza o Eu. Roberto Assagioli chama este processo de "psicossíntese", no qual diferentes aspectos da consciência refletem a vontade de verdadeiro Eu[2]. Outros psicólogos também reconheceram estes níveis de maturidade que indicam esta ascensão rumo à perfeição, tais como o indivíduo em "pleno funcionamento" de Carl Rogers, ou a "autonomia funcional" de Gordon Allport, e a "egoidade criativa" de Adler.

Em cada caso, quer seja do ponto de vista místico ou psicológico, o indivíduo assim realizado chegou a um nível profundo de realidade, tem clareza a respeito da hierarquia de valores da vida, atingiu o autodomínio e transcendeu os níveis normais da consciência humana. Ele se libertou das dores e infelicidades de que a carne é herdeira.

AS QUALIDADES DAS PESSOAS AUTORREALIZADAS

Maslow, mais do que qualquer outro psicólogo, conduziu estudos expressivos destes indivíduos maduros e integrados. Ele via os seres humanos como caracterizados por uma hierarquia de necessidades: básica, de segurança, de propriedade, de autoestima e de autorrealização. Ele enfatizou a tendência natural das pessoas para ascenderem às necessidades mais elevadas e a crescente indiferença delas em relação às suas necessidades inferiores, tais como sociais ou físicas. As necessidades encontradas no nível de autorrealização são chamadas meta necessidades e constituem a procura de valores tais como verdade, beleza e harmonia.

A seguir, temos um resumo das qualidades do indivíduo autorrealizado baseado nos escritos de Maslow.[3] Você irá notar que essas qualidades convergem para aqueles traços reconhecidos entre as pessoas autorrealizadas nas tradições espirituais.

- As pessoas autorrealizadas têm *"percepções mais eficientes da realidade e relações mais confortáveis com ela"*. Isso significa que elas têm um mínimo de distorções em suas percepções das pessoas e do ambiente em contraste com o neurótico, que está muitas vezes cognitivamente errado. As pessoas autorrealizadas estão mais à vontade com a realidade e são menos ameaçadas por ela.
- Elas são capazes de *aceitar a si mesmas* como são, incluindo seus defeitos e fraquezas. Da mesma forma elas *aceitam os outros*.
- Elas exibem um alto grau de *espontaneidade*. Não se sentem estorvadas pelas convenções rígidas, nem são rebeldes por amor à rebeldia.
- Elas *não são egocentradas*. Em vez disso, são ocupadas com problemas ou causas não próprias. São *orientadas para uma missão*.
- Elas apreciam *a solidão e a privacidade, e não são perturbadas* por situações que normalmente incomodariam outras pessoas.
- Elas são autônomas e independem da cultura e do ambiente. Elas são "dependentes – para o seu próprio desenvolvimento e contínuo crescimento – de *suas potencialidades e recursos latentes*".
- Elas exibem um *frescor em relação à sua apreciação da vida*. Repetidamente experienciam respeito, admiração e prazer no seu viver diário no mundo.
- Elas têm *"experiências místicas"* ou *"sentimentos oceânicos"*, nos quais experienciam o êxtase, a perplexidade e a maravilha.
- Elas possuem um profundo sentimento de *compaixão* para com os seres humanos em geral.
- Elas têm relacionamentos interpessoais profundos com os outros.
- Elas são *democráticas em sua atitude*. Não discriminam baseando-se na classe social, cor ou raça.
- Elas são *altamente éticas*, possuem um senso claro de certo e errado.
- Elas têm um *senso de humor* saudável, não hostil.
- Elas são *criativas*. Têm uma maneira nova, cândida, direta, de ver as coisas.

Gordon Allport, de maneira semelhante, listou as qualidades que indicam maturidade, que se assemelham às de Maslow.[4]

Alan Watts, em *Psychotherapy East and West*, escreveu:

> A psicoterapia e os modos de liberação têm dois interesses em comum: primeiro, a transformação da consciência, do sentimento interno da própria existência da pessoa; e segundo, a liberação do indivíduo das formas de condicionamento a ele impostas pelas instituições sociais.[5]

Ao citar as teorias de Maslow, Jung e Assagioli, devemos ter cuidado para não equacioná-las com o conceito de perfeição das tradições místicas. Nas tradições budista, indiana e até mesmo na cristã, o conceito de perfeição transcende em muito a admirável maturidade listada por Maslow. No Oriente, os seres perfeitos não apenas se libertaram do ciclo de dor e sofrimento (*dukka*) como atingiram o nível de conhecimento e consciência que os aproxima mais, ou os torna mais sintonizados com a fonte da existência, a que se dá o nome de Absoluto, Deus, Realidade ou Vida Divina. Essas pessoas transcenderam os desejos terrenos e estão libertas do ciclo de necessidades ou reencarnação. Em muitas dessas tradições, estes grandes seres também dominaram leis desconhecidas da natureza de modo que são capazes de fazer coisas consideradas milagrosas, como no caso de Padre Pio, Paramahamsa Yogananda ou Therese Neumann.

Esta busca pela perfeição humana está refletida em muitas das obras clássicas do misticismo, não apenas nas tradições orientais, mas também na tradição judaico-cristã-islâmica. Os hindus referem-se a tais indivíduos que alcançaram aquela meta como *rishis* ou *jivanmuktas*, almas libertas. O termo *Mahatma*, ou grande alma, é usado extensivamente na literatura teosófica. Os budistas referem-se a eles de acordo com seus vários graus de iluminação; que incluem *Arhats*, *Bodhisattvas* e *Buddhas*. No Velho Testamento, eles pertencem à Ordem de Melquizedeque.[6] O Novo Testamento refere-se a eles como "homens justos tornados perfeitos".[7] Santa Teresa de Ávila intitulou seu livro a respeito desta ascensão de *The Way of Perfection*. Al-Jili, um sufi muçulmano, escreveu um livro intitulado *Al-insam al kamil*, ou o Homem Perfeito. Tais personagens não apenas alcançaram um alto nível de realização como também resolveram muitos dos enigmas e problemas fundamentais da vida humana. Um dos sentidos da palavra *santo* refere-se, de maneira semelhante, a tal realização, mas muitos daqueles que foram declarados santos podem ter sido apenas mártires para a Igreja Católica, em vez de seres autorrealizados.[8]

O DESPERTAR DA CONSCIÊNCIA SUPERIOR

A senda rumo à perfeição sempre vincula o despertar de um nível de consciência mais elevado, não uma expansão horizontal, linear, de estados existentes.

Figura 4: *Níveis ativos de consciência em diferentes estágios e desenvolvimento*

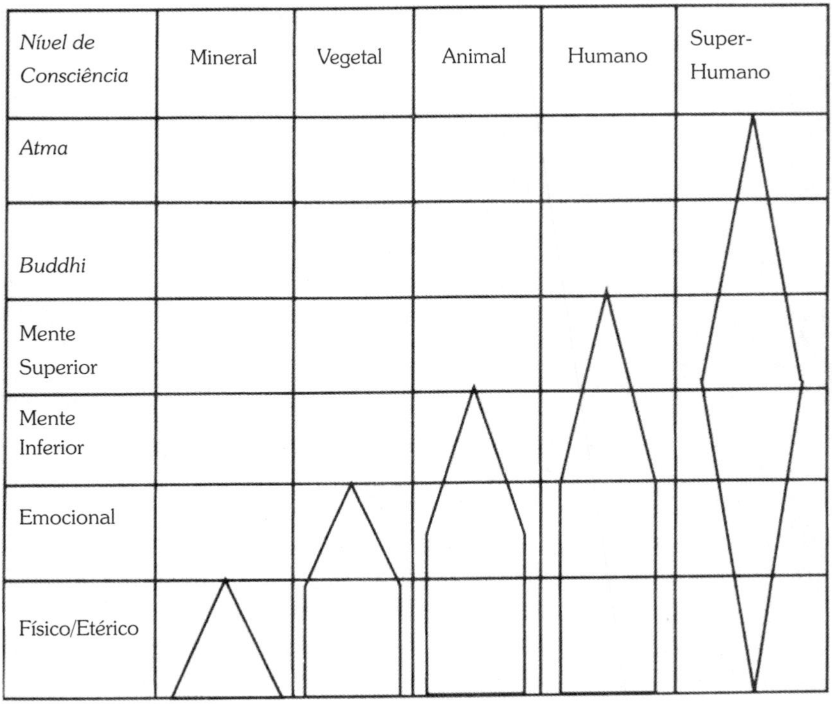

Nível de Consciência	Mineral	Vegetal	Animal	Humano	Super-Humano
Atma					
Buddhi					
Mente Superior					
Mente Inferior					
Emocional					
Físico/Etérico					

A Perfectibilidade Humana | 51

A figura 4 ilustra que em cada reino da natureza existe um nível agregado de consciência que o distingue do precedente.[9]

Notas:
1. Jung, Carl, *Selected Writings* (London: Fontana Paperbacks, 1983).
2. Assagioli, Roberto, *Psychosynthesis* (New York: Viking Press, 1971).
3. Maslow, Abraham, *Motivation and Personality* (New York: Harper&Row, 1970), pp. 153-174.
4. Allport, Gordon W., *Personality and Social Encounter* (Boston: Beacon Press, 1974), p. 162.
5. Watts, Alan., *Psychotherapy East and West* (New York: New American Library, 1963), p. 18.
6. Salmos 110:4; *Hebreus* 5:4-6:20, 7:1-3, 20-23.
7. Hebreus 12;23; *Efésio* 4:13; 1 Coríntios 2:6-8; Mateus 5:48.
8. Rahner, Karl et al., *Sacramentum Mundi*: An Encyclopedia of Theology (New York: Herder and Herder, 1970), Vol. 3,p.401.
9. Adaptado de C.W. Leadbeater, *O Homem Visível e Invisível* (Ed. Pensamento, 1984). Lâmina IV.

6
Sobre a Autopercepção

A autopercepção é a chave para o processo de autotransformação. Juntamente com os *insights* antiquíssimos a respeito do *ch'i* ou energia prânica, a autopercepção pode curar feridas emocionais e dissipar medos irracionais. Nos seus aspectos mais sutis, a percepção é o elemento essencial na meditação e a passagem para a consciência transcendente.

Uma maneira alternativa de entender a nossa consciência é mostrada na Figura 5. É uma adaptação de um diagrama do livro *Psychosynthesis* de Roberto Assagioli. Esta ideia é análoga ao diagrama dos triângulos superior e inferior no Capítulo 3 (Figura 1), mas ressalta um aspecto diferente de nossa consciência.

O círculo no centro representa a nossa consciência atual, cercada pelo nível pré-consciente. O pré-consciente é aquele repositório de informações e memórias que são prontamente alcançadas pela mente consciente. Ele não é o subconsciente, mas também não está no campo da consciência atual. Pode também ser considerado como uma consciência que faz fronteira entre o consciente e o subconsciente.

O subconsciente representa a área na qual informações e memórias são armazenadas com as energias emocionais que lhes acompanham. Uma parte do subconsciente interage facilmente com o consciente. As outras partes não são tão facilmente acessíveis mesmo que afetem o comportamento da pessoa.

A consciência transcendente, ou superconsciência, é aquele nível equivalente à consciência mística, espiritual ou intuitiva. Ela transcende o concreto e o abstrato dos níveis de pensamento. O círculo radiante na parte superior representa o Eu verdadeiro, equivalente ao Espírito ou *Atma*. Lembre-se de que este é um diagrama bidimensional, e que não se deve compreender o verdadeiro Eu como estando situado verticalmente no topo de nossa consciência.

Figura 5: Aspectos da Consciência

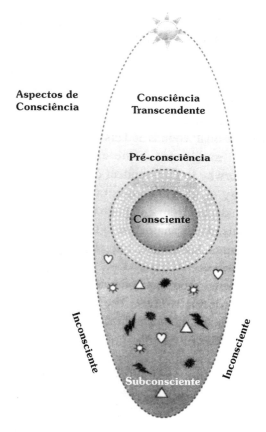

A nossa consciência ou atenção está normalmente focada em algum objeto ou ideia. Quando isso ocorre, ela tende a ser esquecida de outras coisas que são percebidas ou experienciadas na periferia da consciência, tais como os sons ambiente ou mesmo a reação emocional subconsciente a alguma coisa. (Subconsciente aqui significa abaixo do campo normal de consciência, e não *inconsciente*.

Devemos considerar o subconsciente como composto de múltiplas camadas, começando da periferia da atenção até o subconsciente profundo).

Quando a nossa atenção está focada em algo, as outras percepções são relegadas ao subconsciente; assim, por exemplo, podemos não notar uma porta que bateu, em alguma ocasião, enquanto estávamos lendo um romance. (Mas isso pode ser lembrado através da hipnose). Este campo de atenção pode ser expandido ou acompanhado por um substrato de consciência semiatenta que desempenha um papel fundamental na autopercepção. O diagrama abaixo (Figura 6) ilustra essas distinções:

Figura 6: Camadas do Campo Consciente

1. **Campo da consciência atual**
   Fragmentário:
   não coordenado; incapaz
   de perceber
   conflitos ou inconsistência;
   pode abrigar crenças ou fatos
   contraditórios
2. **Campo da percepção periférica**
   Integrativa: permite
   interação integrada que leva
   à normalização saudável *do*
   sistema psicofísico
3. **Campo de atenção**
   Exclusivo: tende a
   excluir outras coisas da percepção

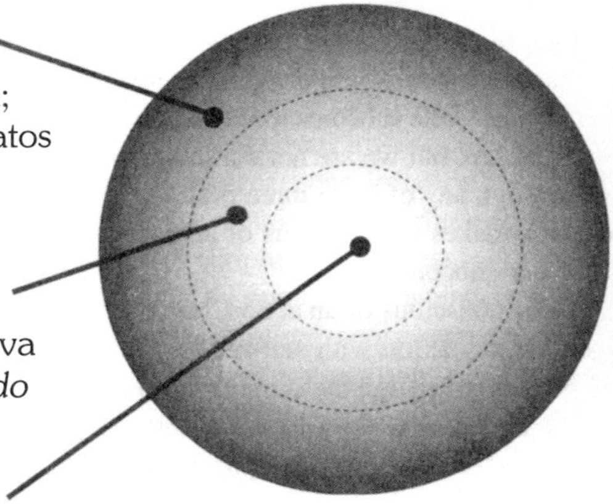

A nossa consciência (em oposição às esferas subconsciente e superconsciente) pode ser classificada em três níveis (ver Figura 6):

1. **O Campo de Atenção**. Esta é a área de nossa consciência que lança o foco sobre os objetos. Ela possui a qualidade de

ser exclusiva; isto é, excluir o que quer que esteja fora de sua atenção.

2. O Campo da Percepção Periférica. Este é como a penumbra do campo de atenção. Possui a qualidade de integração; isto é, está perceptivo das contradições e dos conflitos no que é percebido ou experienciado e assim abre o caminho rumo à integração. Discutiremos isso mais plenamente abaixo.

3. O Campo da Consciência Subliminar. Este constitui as partes que não pertencem aos dois primeiros campos, mas que ainda são parte da esfera ativa de nossa consciência (em contraste com o subconsciente). Possui a qualidade de ser fragmentado na maneira como retém o seu conteúdo; isto é, absorve sem estar perceptivo das contradições ou dos conflitos. Assim, o conteúdo permanece não coordenado e não integrado. O seu padrão de reação é quase unicamente influenciado pelos condicionamentos do subconsciente, sendo por isso automático.

Este campo de consciência subliminar é a parte dominante da mente dos indivíduos que não possuem autopercepção. É através deste campo que os impulsos e as tendências subconscientes têm vazão ou são traduzidos em ação enquanto estamos despertos, tornando-nos conscientes de tais ações. (O subconsciente pode produzir ações diretamente enquanto estamos dormindo, mas não somos conscientes disso porque elas não passam através de nenhum desses três campos. É o envolvimento deste campo que nos torna conscientes de uma reação automática que surge do nosso subconsciente).

Estar consciente de uma ação, porém, não significa que produzimos a ação com autodomínio ou autopercepção. As ações que passam somente através da parte subliminar de nossa consciência não estão integradas às outras partes de nossa mente. Assim, se eu automaticamente reajo com medo ao retrato de uma cobra, essa reação não está integrada com o conhecimento ou a compreensão de que um retrato não é perigoso e que não precisa ser evitado.

As ações através deste campo, portanto, são condicionadas, automáticas, e frequentemente podem ser irracionais.

O CAMPO DA PERCEPÇÃO PERIFÉRICA

É a segunda camada, o campo de percepção periférica, que desempenha o papel mais crucial no desenvolvimento da autopercepção. É esta camada que nos torna conscientes de um conflito interno, de uma tendência automática, de um gosto ou aversão, de um preconceito, ou de uma atitude. Ela nos dá a oportunidade de revisar e avaliar a sabedoria destas tendências ou respostas automáticas da mente subconsciente (através do campo da consciência subliminar). Com a expansão desta camada, assumimos mais verdadeiramente o comando de ações e reações, quando comparado com a época em que não éramos perceptivos. A pessoa torna-se, de fato, mais perceptiva e mais capaz de fazer escolhas. Existe maior liberdade.

Na pessoa comum, esta percepção periférica é obscura e estreita. Em muitos tipos de neuroses, é extremamente estreita, e em muitos psicóticos ela praticamente não funciona. Os psicóticos são prisioneiros de seus padrões de reações condicionadas. Não são livres para fazer escolhas inteligentes e conscientes porque mal estão perceptivos de alguma coisa. Eles simplesmente reagem automaticamente, e por isso de maneira involuntária.

O campo de percepção periférica pode ser expandido ou aprofundado através da meditação e da prática diária da autopercepção. Um campo maior e mais difuso de percepção periférica pode incluir a percepção das reações corporais, reações de medo, irritação, motivações, gostos e aversões, pensamentos, opiniões e atitudes.

O *conteúdo* deste campo de percepção periférica é *conscientemente processado* quase que imediatamente pelo nosso campo de atenção, enquanto o conteúdo no campo externo da consciência subliminar será *automaticamente* tratado pelos nossos condicionamentos com muito pouca ou nenhuma percepção.

Este ponto é importante para o autodomínio, porque os conflitos ou as inconsistências podem ser mais eficazmente trabalhados quando estamos perceptivos deles do que quando não estamos.

Uma segunda razão para a importância de um campo de percepção periférica ativo e expandido é que pelo fato de os conflitos serem atendidos imediatamente, eles não contribuem para o acúmulo de bagagem no subconsciente. Os conflitos são tratados e resolvidos à medida que ocorrem. Não são suprimidos nem evitados. Se permanecerem não resolvidos, um tal estado não resolvido é conscientemente reconhecido em vez de ser empurrado para o subconsciente. Esta capacidade é um fator extremamente importante na manutenção da saúde psicológica do indivíduo.

AS EMOÇÕES E A AUTOPERCEPÇÃO

Os estudos psicológicos afirmam que as emoções são geralmente acompanhadas de reações ou estados psicológicos. Assim, quando estamos com medo, o nosso corpo *jamais* fica relaxado. Ele permanece tenso. Esta tensão significa que existe um aumento repentino de energia e a *retenção* dessa energia em algum lugar.

Quando não há autopercepção, este aumento e esta retenção de energia podem continuar por algum tempo, mesmo quando o perigo não mais exista. Esta é a origem das aflições psicológicas recorrentes tais como medo, pesar, ressentimento, mágoa, etc. Quando causado por uma experiência em que há ameaça de vida, pode levar a problemas psicológicos tais como desordem estressante pós-traumática.

Quando há autopercepção, esta ação incrementada diminui, permanecendo em um nível estável; e a tensão causada pela retenção ou congelamento é relaxada, permitindo assim a liberação natural da energia retida.

Temos aqui uma chave vital para a resolução de problemas e condicionamentos emocionais que são a causa predominante da infelicidade e miséria humanas. Isso envolve uma compreensão da dinâmica da energia que está envolvida no infortúnio emocional.

A ENERGIA

O que é esta energia?

É a mesma energia que o *ch'i* (ou *qui*) que viaja pelo corpo através dos meridianos da acupuntura. Quando somos ameaçados, há o surgimento deste *ch'i*, e o organismo agarra-se a ele enquanto a ameaça ou medo estiver presente. Isso muito provavelmente possui uma raiz biológica, encontrada também nos animais.

Nos seres humanos, devido à nossa constituição psicológica, insistimos com a ameaça mesmo quando ela não mais está lá. Assim, a retenção ou congelamento da energia tende a continuar. *Ela desce para o nível mais profundo do nosso sistema num estado dormente, mas de prontidão.* Desta forma, quando a ameaça reaparece de fato ou na memória, o surto e o congelamento da energia repetem-se instantânea e automaticamente.

A compreensão deste processo é a chave para a remoção de reações emocionais irracionais indesejadas tais como medo, raiva, ressentimento e ciúme. Quando se permite que esta energia armazenada flua naturalmente, a reação automática de medo ou de raiva desaparece com ela. Quando a pessoa passa pelo processo de autopercepção, ocorre o surpreendente desaparecimento dessas reações irracionais que será discutido posteriormente.

RESPIRAÇÃO ABDOMINAL

Qual é o papel da respiração profunda na autopercepção?

A respiração abdominal é eficaz para ativar o *ch'i* em várias partes do corpo, inclusive naquelas que estão ligadas aos medos e aos traumas. *Quando o aumento repentino de energia é acompanhado pela autopercepção, não há ação de retenção ou congelamento, permitindo à energia fluir para os seus pontos naturais de liberação, tais como os dedos das mãos, os dedos dos pés, o topo da cabeça, a boca ou os olhos.*

O fluxo de *ch'i* é experienciado como picadas de agulha, dormência, tremor, pressão, dor ou calor.

Sente-se nas mãos, por exemplo, a sensação que as pessoas descrevem como eletricidade, ou formigamento. Quando a energia é forte, ela se transforma em torpor ou tremor.

Alguém que esteja passando por este processo deve deixar que a energia flua naturalmente até que ela se equilibre e retorne à normalidade. Isso pode levar de dez minutos a mais de uma hora, dependendo da intensidade da energia armazenada. Se houver excesso de energia, devemos descontinuar a respiração profunda depois de uma hora (geralmente nos sentimos cansados ou exaustos a partir daí) e respirar normalmente.

É importante que ao findar uma sessão, não haja qualquer experiência de dor ou pressão (tal como uma dor de cabeça). Caso contrário, a respiração deve ser continuada até que a dor ou pressão ceda. A finalidade disso é evitar qualquer dor pendente desnecessária que possa durar horas ou até mesmo dias quando não resolvida no meio do processo.

O PROCESSO

Quando falo do "processo" ou de "processar" alguma coisa, estou me referindo ao ato de autopercepção acompanhado de respiração abdominal aplicada às energias congeladas específicas na psique e no corpo de uma pessoa – um medo, um ressentimento, uma mágoa, uma memória dolorosa, um trauma, depressão, etc.

O processo pode ser feito por você mesmo se estiver com ele familiarizado. Para pessoas não familiarizadas, deve ser feito com a facilitação de uma outra pessoa que tenha experiência no processo.

Este processo é explicado mais plenamente nos capítulos subsequentes.

OS EFEITOS DA PERCEPÇÃO

A expansão da percepção tem certos efeitos diretos sobre nós. A seguir, alguns dos benefícios da prática diária da autopercepção:

1. **Corpo**
   - A percepção nos permite lidar com a dor mais eficazmente. A dor é um mecanismo protetor do corpo. Não é um inimigo, mas um aliado. Quando há percepção, experienciamos a dor sem nos sentirmos infelizes.
   - Ela nos permite estar mais em contato com as necessidades do

corpo e sermos capazes de responder mais eficazmente. A autopercepção nos ajuda a ver os desejos condicionados ou os impulsos que temos por certos tipos de comida ou bebida, tornando-nos capazes de lidar com essas coisas conscientemente.
- Ela consegue evitar a tensão ou o estresse crônicos.

2. **Emoção**
   - Ela pode lidar eficazmente com as emoções aflitivas tais como o medo, a raiva, o ressentimento, o apego, a mágoa ou a depressão.

3. **Pensamento**
   - A autopercepção faz surgir a clareza no pensar.
   - Clarifica nossos valores.
   - Ela nos torna mais objetivos em nossas opiniões.
   - Ajuda-nos a desenvolver o pensamento atencioso, isto é, a pensar com percepção, não apenas com concentração.

4. **Criatividade**
   - Devido à nossa percepção dos condicionamentos, prejulgamentos e suposições, as nossas mentes tornam-se mais capazes de explorar novos rumos, desse modo ampliando a criatividade.

5. **Intuição**
   - Além da percepção das camadas de nossa mente, incluindo sentimentos e pensamentos, tornamo-nos mais conscientes dos níveis superiores de percepção, isto é, a intuição. Começamos a ver além das aparências. A percepção torna-se mais profundamente integrada, incorporando valores espirituais mais profundos.

6. **Transcendência**
   - Uma percepção assim intuitiva é o início da vida espiritual ou mística.

7
Conhecimento *Versus* Percepção

Muitas pessoas que passam pelo processo de autopercepção geralmente acham difícil distinguir entre saber e estar perceptivo, entre saber e experienciar. Elas frequentemente imaginam que quando sabem que estão zangadas, significa que estão perceptivas de que estão zangadas. Não é necessariamente assim. Devemos nos aprofundar neste aspecto, porque observa-se essa dificuldade mesmo entre aquelas pessoas que passaram pelo processo muitas vezes e que ouviram a respeito da distinção entre conhecimento e percepção.

O conhecimento é a tradução de uma experiência, a simbolização em outro nível. É o registro de uma coisa que aconteceu e que por isso é sempre do passado. A percepção é do presente, não é uma tradução, e sim uma experimentação.

O conhecimento a respeito de alguma coisa envolve nomeá-la e classificá-la de acordo com algumas categorias preestabelecidas em nossa mente, baseadas num conjunto de informações a respeito da coisa. Quando vejo um objeto pela primeira vez, digamos um telefone celular, eu quero saber como é chamado e quais são suas funções e usos. Eu posso tentar apertar as teclas e chamar alguém, e sentir a alegria da experiência nova. Tendo aprendido isso, a minha mente faz o armazenamento no seu banco de memória. A próxima vez que eu vejo o mesmo objeto, esta informação armazenada é recuperada, e eu reconheço o telefone celular. A repetida familiaridade com a coisa traz este conjunto de informações para o nível conceitual mais sutil de tal modo que quando vejo um telefone celular, a minha mente quase subconscientemente o reconhece sem que eu tenha que lembrar o nome e as funções detalhadas do objeto. O processo é o mesmo para coisas como cadeiras, canetas, casas, nuvens e um milhão de outras coisas, inclusive pessoas e experiências subjetivas como raiva e mágoa. Quando reconhecemos essas coisas desta maneira, estamos sacando do banco de memória no nível conceitual, mas não estamos experienciado o objeto como fizemos no início. Portanto, este reconhecimento é indireto e simbólico. Não é uma experiência do objeto, mas um reconhecimento, devido à sua identidade com um conjunto de dados particulares em nossa memória. É automático e acontece tão rapidamente que não mais notamos a sua dinâmica.

Esta faculdade da mente é extremamente útil. Mas é também esta mesma faculdade que ao final se torna uma barreira à nossa capacidade para experienciar as coisas no momento presente. Nós agora confundimos saber com experienciar.

Quando estou zangado, provavelmente reconhecerei os sintomas em mim, como gritar com as pessoas. Eu *sei* que estou zangado, mas não estou necessariamente perceptivo do estado de raiva. Eu posso não estar perceptivo, por exemplo, de que posso estar com os punhos cerrados, de que a minha cabeça pode estar sentindo calor físico, de que meu queixo pode estar comprimido, tenso, e que o meu coração pode estar batendo fortemente. Todas essas coisas são parte da experiência da raiva no momento. A pessoa zangada geralmente não está perceptiva destes elementos experienciais da raiva. Essas coisas estão simplesmente acontecendo automaticamente.

Entrar em contato com estes aspectos da raiva é o começo da percepção. Como eu disse, não é sem propósito. Esta percepção nos traz de volta o domínio sobre os padrões de reações condicionados na nossa psique que causam conflitos e problemas.

A percepção tem graus. O seu escopo varia, dependendo da extensão à qual a consciência abarca aspectos de uma experiência. Na raiva, por exemplo, eu posso estar perceptivo da altura da minha voz, mas não do meu pulso cerrado. Ou posso estar perceptivo do meu pulso cerrado, mas não do preconceito ou do prejulgamento mental e emocional que surgiu na minha mente e que disparou a raiva. Quanto mais amplo o campo de percepção periférica, mais perceptivos estamos. Esta percepção periférica, no entanto, não é algo que possamos facilmente expandir à vontade. É uma qualidade de nossa consciência, produzida pelo cultivo e pela prática. A respiração consciente, o processamento da autopercepção e a meditação são práticas que auxiliam a expandir a percepção periférica.

A percepção é a experiência de um fenômeno que é direto e que não é interpretado pela mente. Uma "dor" desagradável já é uma interpretação, uma experiência de segundo nível. A experiência de primeiro nível é a percepção de uma sensação (produzida pelos nervos ao enviar sinais para o nosso cérebro).

Na sua forma bruta, a experiência é apenas isto: uma sensação que emana de um determinado lugar no corpo. Psicologicamente, não é agradável nem desagradável (muito embora o corpo esteja automaticamente reagindo à mensagem dos nervos).

ESTOU SENTINDO DOR?

Um exercício chamado "Estou sentindo dor?" e que é ensinado no Seminário de Autotransformação ilustra este ponto.

Eu sugiro que você faça o exercício à medida que lê, para que a discussão subsequente seja significativa. Durará apenas um a dois minutos.

Primeiramente, dê um forte beliscão na parte interna do seu antebraço. Provavelmente é desagradável, e você não gosta da experiência.

Depois faça isso uma segunda vez, mas agora com uma diferença. Primeiramente, toque a pele sem beliscar. Faça uma respiração profunda enquanto sente o toque dos seus dedos na parte interior do braço. Então lentamente pressione os dedos à maneira de um beliscão, mas não forte. Sinta a sensação. Esteja perceptivo de qualquer experiência ligada à pressão dos dedos. Depois aperte um pouco mais. Faça isso lentamente. Sinta se a sensação está se espalhando para outras partes do braço. Se estiver, simplesmente experiencie isso de maneira plena. Depois lentamente pressione cada vez mais, e finalmente aperte o máximo que puder enquanto ainda estiver experienciando plenamente toda a sensação. Depois de dois ou três segundos beliscando-se com força, pare de beliscar.

Conhecimentos Versus Percepção | 65

Quando tiver terminado, esfregue a pele onde você beliscou para que não fiquem marcas.

Qual é a diferença entre a primeira vez e a segunda que você se beliscou? A primeira provavelmente foi dolorosa e você não gostou. E a segunda? Você se sentiu infeliz ou aflito?

Muitas pessoas que praticaram este exercício disseram que o primeiro beliscão foi "doloroso", mas que o segundo não. Observem este paradoxo. No segundo beliscão, estamos de fato experienciado plenamente o que se supunha ser "dor", e ainda assim, de maneira estranha mas verdadeira, não foi "doloroso" como geralmente sentimos. Experienciamos a sensação e a maneira como ela se espalha para outras partes da pele ou do braço. Não estávamos evitando a sensação. Todavia não foi desagradável.

A percepção nos leva a um primeiro nível de experiência em vez de a um segundo ou terceiro (tal como a reação psicológica de desprazer) ou a um mero conhecimento a respeito da experiência.

PERCEPÇÃO NA MEDITAÇÃO

Estas observações são importantes quando praticamos a meditação. A percepção dos pensamentos é diferente de pensar a respeito dos pensamentos. Este último envolve reconhecimento, nomeação e classificação; nós rotulamos os pensamentos como "perturbações", ou "intromissões". O segundo nível de experienciar os pensamentos é que é diferente de estar perceptivo dos pensamentos. Nós os estamos classificando em tipos e categorias, desejados e indesejados, queridos e não queridos. Todas essas coisas vêm do banco de dados de nossa memória. Não é percepção direta. Podemos agora melhor apreciar por que J. Krishnamurti refere-se a isto como "percepção sem escolha". É uma percepção sem julgamento, preferência, análise, discriminação ou mesmo nomeação.

Mas esta percepção sem julgamento não é a mesma coisa que a percepção em branco de uma criança que ainda não aprendeu a nomear ou classificar. Esta última é um olhar aberto que absorve e que ajuda a desenvolver novas conexões neurais. Na primeira, a experiência é absorvida por um nível interior da consciência que não é lógico, porém mais intuitivo. Possui uma sabedoria própria que transcende a mente discursiva e analítica. É o que os budistas chamam de *prajña*; é a consciência contemplativa dos místicos cristãos. Portanto, esta percepção não opiniática não é apenas uma absorção em branco das coisas. Ela possui um valor mental que é diferente do saber intelectual. Geralmente não reconhecemos isso, porque o reconhecimento intelectual é o único saber que entendemos.

PERCEPÇÃO E TRANSCENDÊNCIA

Aquilo de que estamos perceptivos, nós transcendemos. Quando estamos perceptivos da dor física, nós a transcendemos enquanto a experienciamos. A percepção está além ou é mais do que a dor. É um *holon** maior, por assim dizer, que inclui a dor, mas que não é limitada por ela nem está exclusivamente identificada com ela. (Veja a discussão sobre *holons* no Capítulo 28).

Quando há percepção da aflição emocional, nós a transcendemos. O mesmo princípio é aplicado aos pensamentos, condicionamentos, conceitos, à percepção e ao eu.

A verdadeira percepção é, portanto, a chave para a liberdade. Ela permite que nos libertemos das esferas de experiência ou estruturas de consciência que nos aprisionam. A autopercepção é como um prisioneiro que se transforma numa névoa invisível em expansão que pode atravessar os muros da prisão. A percepção última está além desta névoa. Não está nem em expansão nem aprisionada. Não existe prisão nem prisioneiro.

Notas:
* Conceito proposto por Arthur Koestler: uma unidade completa ou organismo que é também parte de um todo maior (N. ed. bras.).

8

Diretrizes sobre o Processamento da Autopercepção

A autopercepção através da respiração abdominal é a ferramenta básica usada no Seminário de Autotransformação para trabalhar a remoção do condicionamento nocivo. O processamento da autopercepção pode ser feito pela própria pessoa sozinha (autoprocessamento) ou com a ajuda de uma outra pessoa.

No final, o processamento da autopercepção deve ser feito pela própria pessoa sozinha. No início, porém, é necessário passar pelo processo com a ajuda de um facilitador ou guia.

RESPIRAÇÃO ABDOMINAL

A respiração abdominal é uma parte importante do processamento da autopercepção. Ela intensifica o fluxo de *ch'i* através de todo o sistema, particularmente os meridianos, porque ativa o centro *tan t'ien* (*hara*, em japonês) na área abdominal, que se diz ser o repositório de *ch'i*. Por meio desta respiração, qualquer congestionamento existente será sentido de maneira mais palpável, devido à pressão temporária criada pelo movimento intensificado de *ch'i*. A autopercepção permite que os canais afrouxem e relaxem, permitido assim que a congestão flua.

Este é o procedimento para a respiração abdominal (ver Figura 7):

- Ponha as palmas das mãos sobre o abdômen, cerca de cinco centímetros abaixo do umbigo.
- Tente mover as palmas das mãos para frente e para trás para expandir e contrair os músculos do abdômen.

- A seguir, expanda o abdômen e inspire através do nariz, seguido pela expansão do diafragma e da caixa torácica.
- Quando expirar, sopre o ar através da boca e contraia os músculos abdominais.
- Aguarde cerca de cinco segundos para inspirar e outros cinco para expirar. Uma maneira de não perder a contagem dos cinco segundos é contar mentalmente uma cadência fixa: "dois mil e um, dois mil e dois, dois mil e três, dois mil e quatro, dois mil e cinco".

A respiração abdominal é na verdade a respiração natural. Se observarmos os bebês respirando, notaremos que não respiram apenas através da caixa torácica. Todo o seu corpo sobe e desce.

Tendo aprendido a respiração abdominal, você está pronto para o próximo passo, que é o exame cuidadoso (scanning, no original em inglês. N. ed. bras.).

O exame cuidadoso tem um tríplice propósito:

1. Possibilita que você se torne perceptivo da tensão ou congestão superficial existente no seu corpo, permitindo o relaxamento dessas tensões.

2. Torna-o perceptivo da diferença entre tensão, congestão e o verdadeiro relaxamento. Esta percepção não é tão somente importante no processamento como é uma necessidade vital para a vida do dia a dia.

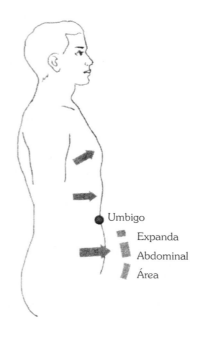

Figura 7: Respiração Abdominal

Umbigo
Expanda
Abdominal
Área

3. Deixa você preparado para o posterior processamento emocional mais intensivo.

As diretrizes abaixo estão divididas em duas partes: o autoprocessamento e o processamento dos outros. Os procedimentos são idênticos, mas existem considerações especiais quando estamos processando uma outra pessoa. Ao processarmos a nós mesmos, sabemos o que está acontecendo conosco, mas ao processarmos os outros, nada sabemos, exceto o que a pessoa nos diz ou o que vemos nas expressões do seu rosto e do seu corpo.

PROCESSANDO A SI MESMO

Exame cuidadoso

O procedimento do exame cuidadoso é o seguinte:
- Sente-se numa posição confortável, com os dois pés espalmados sobre o chão e com ambas as mãos no colo. Pratique a respiração abdominal pelo menos cinco vezes antes de começar. Enquanto estiver praticando, você deve continuar a respiração abdominal profunda durante toda a sessão. Feche os olhos (embora isso possa ser feito com os olhos abertos se preferir).
- Quando você respirar pela sexta vez, observe o topo e as costas da cabeça. Sinta ou se dê conta de qualquer sensação nestas partes. Veja se sente qualquer languidez, tensão, pressão ou dor. Se não houver nenhuma, então observe a área próxima da cabeça (veja abaixo) enquanto inicia o próximo ciclo de respiração.
- Se sentir languidez, tensão ou dor no topo ou nas costas da cabeça, então observe a natureza da languidez. É uma área pequena, ou grande? Está pulsando, ou é uma pressão constante? É uma área circular, ou uma linha? Se for uma linha, qual a espessura? Anotando essas especificações, você estará experienciando a tensão em vez de estar *pensando* sobre ela.

- Quando inspirar, experiencie a tensão e a languidez. Quando expirar, sinta a parte de trás da cabeça, os ombros, as costas, os braços e as mãos. (A sequência de percepção enquanto se inspira e expira dependerá da direção natural do fluxo de *ch'i* no corpo. Assim, se a congestão for na garganta, então quando da expiração a pessoa deve tornar-se perceptiva da boca e do maxilar).
- Não tente lutar contra a tensão ou mudá-la. Simplesmente se torne perceptivo dela, ou a experiencie plenamente, enquanto inspira e expira. Faça isso até que a languidez ou a dor se dissipe.
- Você pode sentir languidez nos ombros ou nos braços. Fique perceptivo de tal languidez. Ela pode até mesmo tornar-se uma dormência ou uma sensação de formigamento nos dedos. Fique perceptivo dessas coisas também enquanto expira.
- Se não sentir nenhuma tensão ou desconforto na cabeça, então passe para a testa e os olhos. Siga o mesmo procedimento que foi dado acima se sentir alguma languidez ou tensão. Se não sentir nenhuma, então passe para o rosto e o maxilar. Depois para o pescoço e os ombros. Depois para o tórax. Depois para o estômago e as áreas abdominais. Depois para os braços e as mãos. Depois para as costas. Depois para os quadris, as pernas e os pés.
- A cada passo, processe-o se sentir qualquer desconforto.
- Após processar alguma tensão, languidez, dor ou dormência, faça o exame cuidadoso do seu corpo mais uma vez e cheque para ver se ainda existe alguma tensão ou desconforto em alguma parte. Se houver, então repita tudo novamente.
- Se você sentia dores musculares antes inclua estas dores musculares no seu exame cuidadoso.
- Somente após sentir-se completamente relaxado é que a sessão de exame cuidadoso pode ser dada como encerrada.

É comum sentir-se cansado se você teve tensões ou dores que foram liberadas.

PROCESSAMENTO EMOCIONAL

Se você efetuou o procedimento de maneira apropriada, está agora pronto para o processamento dos conflitos emocionais. Isso é essencialmente a mesma coisa que o exame cuidadoso, exceto que agora você irá pensar em uma pessoa ou evento que lhe aborreceu, magoou ou chateou. Se você ainda não está muito familiarizado com o exame cuidadoso, é melhor fazer o processamento emocional com o auxílio de um facilitador ou guia.

O procedimento para o autoprocessamento é o seguinte:

- Sente-se confortavelmente como no exame cuidadoso; faça a respiração abdominal pelo menos cinco vezes.
- Faça um exame minucioso do corpo, quer esteja ele relaxado ou não. Se não estiver, então execute todo o processo até que todo seu corpo esteja relaxado.
  - Após o corpo ficar relaxado, pense numa pessoa ou incidente que lhe aborreceu, magoou ou chateou. Lembre-se de que você deve continuar com a respiração abdominal profunda durante toda a sessão.
  - Se o episódio lembrado permanece uma questão emocional não resolvida, então é provável que você sinta alguma coisa no corpo enquanto respira profundamente. Pode ser uma languidez ou dor no peito, pressão na cabeça, dor nas costas, etc. (Se você não sente nada, isso não quer necessariamente dizer que a questão foi resolvida internamente. O ego autodefensivo pode ter assumido o controle, evitando que você entre em contato com as camadas mais profundas de sua consciência).
- Se você sentir alguma coisa, então a processe como você fez no exame cuidadoso. Faça isso até a congestão normalizar. Pode levar cinco ou seis minutos, mas geralmente normaliza dentro de dez minutos ou coisa assim.
- Após a languidez ou a pressão ter passado, cheque todo seu corpo em busca de alguma tensão remanescente. Processe toda tensão ou desconforto que notar.

- Quando o seu corpo estiver plenamente relaxado, então lembre novamente da mesma pessoa ou episódio. Se novamente houver uma reação de desconforto, processe-a mais uma vez como explicado acima.
- Após atingir o relaxamento e ter checado em busca de alguma tensão, lembre novamente o incidente. Faça isso até que não haja mais qualquer reação de desconforto.
- Se você esteve fazendo o processamento com os olhos fechados, então faça-o agora com os olhos abertos. Se sentir algum desconforto, processe-o novamente.
- Faça um exame cuidadoso de todo seu corpo em busca de alguma tensão antes de terminar a sessão. Todo seu corpo deve estar relaxado, mesmo que você se sinta cansado.

Ao executar o procedimento acima, você deve sentir-se esgotado ou cansado após a primeira rodada. Se sentir vontade de descansar, faça isso após ter atingido o pleno relaxamento. Se você não se sente muito cansado, então continue com a segunda rodada ou a terceira, até que não haja mais reação desagradável à memória.

AJUDANDO OS OUTROS A SE PROCESSAREM

As diretrizes acima são para o autoprocessamento. Voltemos nossa atenção agora para as diretrizes de como ajudar os outros a se processaram.

Quando você ajuda os outros no processamento da autopercepção, isso geralmente quer dizer que a outra pessoa ainda não está familiarizada com o método. É comum as pessoas não entenderem as instruções ou não segui-las corretamente. Elas podem também resistir às instruções, especialmente se houver dor.

Portanto, como facilitador ou guia você desempenha um papel importante no sucesso do processamento. Você deve saber como fazer as perguntas apropriadas e ser sensível à linguagem corporal da pessoa para saber o que está ocorrendo internamente. Você tam-

bém deve saber como direcionar a respiração e o processo de percepção para ajudar o fluxo do ch'i e descongestionar o sistema. Você deve também ser bastante experiente para não ficar alarmado devido às sensações ou dores aparentemente intensas, devendo também saber como lidar com elas.
As pessoas que sabem como se autoprocessar não estão necessariamente prontas para processar os outros. São necessários treinamento e experiência.

CAUTELA

Se participou do seminário, você foi prevenido a respeito da cautela no processamento das emoções de outras pessoas, e que você só pode conduzir esse processamento se estiver adequadamente preparado e tiver sido requisitado para fazê-lo. Algumas pessoas podem passar por intensas reações emocionais, e é preciso um facilitador experiente para lidar com estes casos extremos, tais como fobias violentas, memórias traumáticas e culpa intensa. Tente primeiramente obter mais experiência com o autoprocessamento. Ou, se tiver oportunidade, participe de seminários onde possa servir como cofacilitador sob a orientação de um facilitador mais experiente.

EXAME CUIDADOSO

O procedimento é o mesmo que as diretrizes prévias sobre o autoprocessamento, exceto que agora você esta facilitando o processamento de uma outra pessoa.
- Sente-se olhando o paciente nos olhos sem se tocarem. Os pés do paciente devem estar espalmados sobre o chão, e ambas as mãos no colo. Peça ao paciente para fazer a respiração abdominal pelo menos cinco vezes. Observe se está sendo feito corretamente. Se não estiver, então lhe peça para expirar soprando, para que o ar exalado seja sentido por você, se você puser a mão cerca de 45 cm do rosto do paciente.
- Agora peça ao paciente para tornar-se perceptivo do topo e da parte posterior da cabeça.

Faça uma pausa de dez segundos. Depois pergunte se há algum sentimento de desconforto nessa área. (Certifique-se de que a pessoa compreende "desconforto". Você pode dizer: "Há alguma tensão, languidez, pressão ou dor na parte superior ou na parte posterior da cabeça?"). Faça uma outra pausa e espere a resposta.

- Se o paciente diz que sente alguma coisa, tal como, "Há uma dor na minha cabeça", então pergunte, "Em que parte?" Tente deixar o paciente experienciar completamente a sensação fazendo perguntas específicas, ajudando a pessoa a estar perceptiva do tamanho, da espessura da sensação, da dureza ou maciez, da intensidade, agudeza ou não, etc. Perguntas úteis são: "Qual é o tamanho da área da dor?" "Qual é a forma da dor?" "É dura ou macia?"
- Se a dor cedeu, então pergunte a respeito de outras áreas. Se a pessoa voluntariamente diz que há uma sensação ou dor numa área específica, tal como no peito, então vá em frente e processe a dor no peito.
- Durante toda a sessão do exame cuidadoso observe qualquer mudança na expressão do rosto ou no movimento do corpo. Eles podem lhe dar algumas indicações a respeito do que a pessoa possa estar sentindo internamente. Alguns exemplos das coisas a serem anotadas: franzir o cenho, tamborilar com os dedos, ou pressionar os lábios. Essas coisas geralmente indicam tensão ou desconforto. Elas desmentem afirmações verbais de que já estão relaxadas.
- Quando houver congestão ou dor numa área, lembre-se de pedir ao paciente para senti-la plenamente quando inspirar, e sentir a área em volta quando expirar. A exceção é quando a congestão, languidez ou dormência é sentida nas mãos ou nos pés; então deixe o paciente senti-la enquanto exala. (Como foi mencionado acima, a sequência de percepção enquanto se inspira e expira irá depender da direção natural do fluxo do *ch'i* no corpo).
- Quando você notar luta interior, lembre ao paciente para não combater ou mudar a tensão, e simplesmente tornar-se percepti-

vo dela, ou experienciá-la plenamente, enquanto inspira e expira. Faça isso até que a languidez ou dor dissipe-se naturalmente.
- Quando o paciente sente que a pressão ou desconforto dissipou-se, peça-lhe mais uma vez para checar todo o corpo e ver se ainda há algum outro desconforto. Se houver, então processe-o novamente. Note que quando a pessoa alega já estar relaxada, você ainda deve checar se isso é verdadeiro pela observação da expressão facial e da postura do corpo.
- Somente após a pessoa sentir-se completamente relaxada é que a sessão está encerrada.

FACILITANDO O PROCESSAMENTO EMOCIONAL

O procedimento para a facilitação do processamento emocional de um paciente é o seguinte:

- Deixe a pessoa passar pelo processo do exame cuidadoso para se assegurar de que o corpo está plenamente relaxado. Se algum desconforto surgir a partir daí, processe-o imediatamente. Não passe para o exame cuidadoso emocional até que a pessoa esteja plenamente relaxada. O pleno relaxamento permite à pessoa tornar-se sensível à presença de desconforto. (Porém, se ela já pensou em algumas memórias dolorosas e já está experienciando desconforto físico quando você começar a sessão, então prossiga com o processamento emocional já que não há outra escolha).
- Com os olhos fechados, peça ao paciente para lembrar uma pessoa ou incidente que o chateou, aborreceu ou magoou. Faça uma pausa de 20 segundos.
- Pergunte ao paciente se há alguma sensação ou desconforto no corpo. Continue a processar qualquer desconforto no corpo até que o desconforto normalize.
- Ao ouvir as respostas do paciente, anote as respostas vagas, conceituais ou não específicas. Uma afirmação como: "sinto-me magoado" não é uma *descrição* do que está sendo ex-

perienciado, mas um *conceito* do que é sentido. Pergunte: "Onde você sente isso no seu corpo?" Perguntas habilidosas ajudam o paciente a se tornar *perceptivo* da experiência, em vez de lhe dizer o que *pensam* a respeito da experiência. Essas são duas coisas muito diferentes. Por isso, perguntar a respeito de tamanho, dureza, espessura, etc., ajuda a pessoa a se *tornar perceptiva* em vez de *pensar* ou *conceituar* a respeito do que está sendo experienciado.

- Continue a processar até que todo o desconforto normalize.
- Se a pessoa não está ainda muito cansada, repita o procedimento perguntando-lhe sobre o tema em questão para que ela possa lembrar o incidente uma segunda vez. Se ainda há algum desconforto, languidez ou dor, não importa quão pouco, então repita o processo novamente até que o desconforto normalize. Repita o ciclo de processamento até que nada mais seja sentido quando o incidente for relembrado. Chegará um momento em que a pessoa não mais terá qualquer reação adversa à memória. Em alguns casos, elas dizem que sentem falta ou amam a pessoa a quem pensam odiar (pode ser o pai).
- Então peça ao paciente que abra os olhos e pense normalmente na outra pessoa. Se ainda houver reação desconfortável, repita o processamento mais uma vez.

9

Diretrizes Ulteriores no Processamento

Os comentários abaixo são para os indivíduos que estão ajudando outras pessoas a passarem pelo processo de autopercepção. Sempre que relevante, as anotações aplicam-se também às pessoas que estão fazendo o autoprocessamento, isto é, aqueles que processam a si mesmos sem ajuda de uma outra pessoa.

ASPECTOS FÍSICOS

1. Sente-se de frente para o paciente ou um pouco para o lado do mesmo. Os seus joelhos não devem tocar as pernas do paciente. Por isso, se necessário, sente-se um pouco mais para o lado do paciente para poder estar mais próximo e ouvi-lo melhor.

2. Evite tocar o paciente. Embora o toque em momentos apropriados possa ajudar a transmitir sua empatia, especialmente quando o paciente está passando por fortes experiências emocionais, o toque pode também fazer o paciente sentir-se vigiado ou desconfortável. Em certas culturas, é muito impróprio tocar alguém.

3. Olhe para o paciente e observe o tempo todo o que está acontecendo. Talvez algumas vezes você precisará processar a si mesmo para estar perceptivo do que está acontecendo dentro de você. Mas isso não deve evitar que você esteja alerta ao que está acontecendo ao paciente. Por esta razão, evite escrever qualquer tipo de coisa enquanto estiver processando o paciente.

COMUNICAÇÃO VERBAL

1. A sua voz, o seu tom de voz e o seu modo de falar desempenham papel importante no processamento. É a partir da voz que o sentimento de confiança é transmitido. Quando você está ansioso, a ansiedade é transmitida através da voz. Você deve estar consciente a respeito de sua própria tensão, ou se está falando em voz alta, o que pode indicar falta de tranquilidade.

2. Durante o processamento, as perguntas que você faz não devem ser muito importunas, tais como fazer perguntas demais com muita frequência. O paciente irá distrair-se e perder a autopercepção. As perguntas devem estar baseadas no que você sente ser necessário no momento.

3. Também não se deve perguntar de menos. É provável que um paciente que não esteja muito familiarizado com o processo de autopercepção feche-se em si mesmo ou comece a relembrar, em vez de atingir o estado de autopercepção. As suas perguntas ou lembretes têm por finalidade trazer a percepção para as experiências psicoetéricas no corpo.

4. Faça perguntas do tipo "o que"; não faça perguntas do tipo "por que". Perguntas do tipo "o que" pedem como resposta descrições factuais de uma experiência; perguntas do tipo "por que" fazem o paciente entrar numa atividade de mentalização e justificação, que tende a afastar o paciente da autopercepção.

5. Ao ajudar outras pessoas a processar, evite lembretes sugestivos, exceto o de respirar e de estar perceptivo. Por exemplo, não sugira ao paciente que deva estar "relaxado". Evite sugestões que procurem assegurar ou fazer com que a pessoa sinta-se positiva, tais como: "Você irá sentir-se melhor", ou "Você irá sentir-se bem depois disso". O propósito do processamento é ajudar a pessoa a tornar-se perceptiva sem exercer julgamento.

DURAÇÃO DA SESSÃO

1. A duração da sessão de processamento pode variar de quinze minutos a duas horas, dependendo do paciente. Algumas pessoas são capazes de passar pelo processo muito rapidamente. Outras podem perceber a energia movendo-se em seu corpo mesmo depois de uma hora.

2. Certifique-se de que ao final de cada sessão não haja sentimento de desconforto, tensão ou dor. Se o paciente ainda sente um aperto na boca do estômago, deixe-o passar pelo processo até que que essa sensação passe. Não fique ansioso para apressar o processo. A pressa pode às vezes obstruir o processo.

3. Se o paciente ainda sente enrijecimento ou tensão depois de um longo tempo, é aconselhável não continuar; peça-lhe para respirar normalmente, não profundamente, enquanto estiver passando pelo processo de autopercepção. A diminuição da energia irá diminuir o enrijecimento que está sendo experienciado, embora ainda permita que algum enrijecimento remanescente flua através da percepção.

4. Se depois de um período longo ainda houver tensões em algumas partes do corpo, tais como cabeça, pescoço, ombros ou braços, você pode sugerir que o paciente pressione algumas partes do corpo para ajudar a energia fluir. É melhor que você peça ao paciente para que ele mesmo faça isso. Evite tocá-lo.

O FLUXO DE ENERGIA

1. Quando o paciente pratica a respiração abdominal, as congestões no sistema recebem maior pressão do fluxo de *ch'i*, e pode-se sentir tensão, enrijecimento ou dor nas áreas congestionadas. A percepção evita a constrição dessas partes. Essas constrições impe-

dem o livre fluxo de energia. A figura 8 mostra as principais direções do fluxo durante o processamento, mas existem outras de menor importância.

Figura 8: O fluxo de energia no corpo

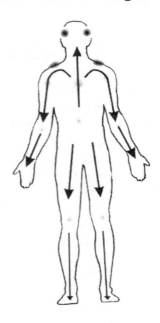

2. Ao ajudar a energia a fluir naturalmente, o seu papel é auxiliar o paciente a se tornar perceptivo da área de congestão, indicado pela tensão, enrijecimento ou dor. Ao fazer isso, use uma das várias abordagens para identificar e estar perceptivo das áreas congestionadas:

- Pergunte a respeito do tamanho: É grande ou pequeno? De que parte a que parte?
- Pergunte a respeito da forma: É achatado? É uma bola? É uma linha? Retângulo? Oblongo?

- Pergunte a respeito da localização: É próximo à superfície da pele? É profundo?
- Pergunte a respeito da textura: É duro ou macio? É uma dor aguda ou não?
- Peça ao paciente para estar perceptivo das bordas da sensação: por exemplo, se for um enrijecimento no peito, peça-lhe para estar perceptivo das bordas exteriores da tensão, que pode ser o lado do peito próximo ao antebraço.
- Peça ao paciente para estar perceptivo da área para onde você pensa que a energia possa naturalmente fluir. Se a tensão é em volta do couro cabeludo, então lhe peça para estar perceptivo da nuca e dos ombros, pois estes são canais naturais do fluxo de energia oriunda da cabeça. Se a tensão é no antebraço, então lhe peça para estar perceptivo do braço e das mãos.

3. Passagens comuns para o fluxo da energia congestionada são:

- Braços, mãos e dedos
- Pernas, pés e dedos dos pés
- Topo da cabeça

Houve casos onde o paciente relatou que a energia saía pelos ouvidos, nariz e mamilos. Mas isso é raro. Há também ocasiões quando as congestões parecem desaparecer na metade do corpo sem que o paciente note se ela passou através de qualquer uma dessas passagens.

4. Vários tipos de sensações são sentidas quando a energia está fluindo para fora. Por exemplo:

- Sensação de formigamento, geralmente nas extremidades. Isso indica o livre fluxo de uma forte energia. É às vezes descrito como se estivesse sendo picado por agulhas ou alfinetes.
- Dormência. Quando a energia é muito forte, geralmente é esta a sensação. Continue com a percepção destas partes adormecidas e naturalmente haverá dissipação.

- Calor. Geralmente nas extremidades. Isso indica o fluxo normal ou liberação de energia.
- Frio. Geralmente nas mãos e pés. Isso indica que a energia está fluindo, mas que está bloqueada em algum ponto, tais como pulso ou antebraço, e as mãos sentem frio. Neste caso, é útil pedir ao paciente para que perceba as partes do corpo anteriores à parte fria. Por exemplo, se as mãos sentem frio, então peça-lhe para estar perceptivo do pulso.
- Contratura muscular. Há raras vezes em que a energia é tão forte que os músculos das mãos contraem-se e se enrijecem e a mão fecha-se num punho, como se estivesse segurando alguma coisa muito fortemente. A massagem do braço e da mão ajuda a aliviar essa condição.

CONGESTÕES

Quando se começa a respiração abdominal com percepção, o paciente sente tensão, enrijecimento ou dor naquelas áreas onde há congestões no sistema. A localização destas congestões irá variar de acordo com a natureza e origem do problema emocional. Por exemplo:

- Emoções que envolvam supressão de expressão geralmente criam congestão na garganta, no maxilar ou na área da boca. Assim, se uma criança 'engole o choro' ou para de gritar enquanto está sendo punida pelo pai ou mãe, ou quando a pessoa suprime o impulso de falar, estas coisas são geralmente sentidas como um nó na garganta. Às vezes este nó será sentido como congelamento do maxilar, como se o maxilar estivesse trancado ou dormente.
- O medo, por outro lado, pode ser sentido na boca do estômago. Quando o medo é lembrado, pode surgir como uma bola em volta do estômago. Essa bola pode ser dura ou macia, grande ou pequena. Durante o processamento, o tamanho e a textura irão mudar.
- O medo é também sentido nas extremidades, como nas pernas, em pessoas que têm medo de altura.

- Sensações dentro ou ao redor dos olhos geralmente indicam lágrimas reprimidas do passado.
- A raiva é sentida em várias áreas da cabeça – na testa, na parte de trás da cabeça, etc. A dor na parte de trás da cabeça pode também indicar fluxo incompleto da energia oriunda da cabeça.
- A culpa é sentida no centro do peito.
- Mágoas e ressentimentos são geralmente sentidos nos lados direito ou esquerdo do peito. São sentidos como pressão no coração, resultando em alguma dificuldade para respirar. A maioria das pessoas sente essas coisas do lado esquerdo ou no centro do peito, mas às vezes podem estar do lado direito.
- As pressões ou as grandes responsabilidades são sentidas nos ombros ou nas costas.
- As congestões são às vezes sentidas apenas em um dos lados do corpo, tal como no lado esquerdo da cabeça ou no braço esquerdo. Em vez de estarem relacionadas aos hemisférios do cérebro, parecem estar ligadas aos meridianos que fluem em um dos lados do corpo, da cabeça para baixo.

A pesquisa e o exame dos casos estão sendo realizados o tempo todo, e os facilitadores e aqueles que passam pelo processamento são encorajados a contribuir com suas experiências e observações para aprofundar nossa compreensão do processo.

DOR

Quando as emoções reprimidas são intensas, a congestão pode ser sentida sob a forma de dor quando se dá início à respiração abdominal. A dor pode ser sentida em qualquer parte do corpo, da cabeça às extremidades, dependendo da natureza da emoção e da congestão. Quando é na cabeça, por exemplo, o facilitador deve guiar a percepção do paciente para permitir que a congestão flua. Se a dor for na testa ou entre as sobrancelhas, então deixe o paciente tornar-se perceptivo das têmporas e das laterais da cabeça, e depois da nuca e dos ombros.

OS MERIDIANOS DA ACUPUNTURA

É útil que você esteja familiarizado com os meridianos da acupuntura ou com os canais através do qual *ch'i* flui no corpo. Você pode então identificar a direção do fluxo e ajudar o paciente a tornar-se perceptivo do meridiano seguinte para prevenir a obstrução. Por exemplo, na Figura 9 nós temos pontos do assim chamado meridiano estomacal que flui de lado a lado da cabeça até a nuca. Quando há dor nessas áreas da cabeça, então o facilitador deve ajudar o paciente a tornar-se perceptivo da nuca durante o ciclo de expiração.

Figura 9: Alguns meridianos de acupuntura na cabeça

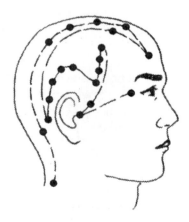

Para este propósito, não basta que você aprenda a respeito dos quatorze principais meridianos da acupuntura; você deve também conhecer os elos de conexão entre os meridianos. A transferência das sensações da congestão não segue exatamente os pontos de um meridiano específico. Ela pode transferir-se de um meridiano para outro ou até mesmo saltar alguns pontos meridianos.

EFEITOS EMOCIONAIS SOBRE O FACILITADOR

Alguns facilitadores verificam que quando estão auxiliando no processo de uma outra pessoa, sentem-se afetados quando a outra pessoa está chorando, ou sentem-se cansados depois de algum tempo. Quando estamos emocionalmente afetados, somos incapazes de permanecer alertas ao que está acontecendo ao paciente. Na verdade, poderemos até mesmo descobrir que estamos mais envolvidos no processamento de nós mesmos do que em ajudar o paciente.

Como podemos evitar de ficar afetados ou cansados quando estamos dando assistência a alguém?

Quando somos afetados pelo pesar ou pelas emoções de uma outra pessoa, isso indica que um mecanismo foi acionado dentro de nós. Significa que precisamos trabalhar a nós mesmos posteriormente. Enquanto isso, devemos permanecer perceptivos do que está acontecendo conosco naquele momento em que estamos ajudando a outra pessoa.

Quando nos sentimos cansados após uma sessão com uma pessoa, significa que não estávamos relaxados e calmos durante a sessão. Certamente não nos apercebemos da tensão em alguma parte do nosso corpo o tempo todo. A habilidade para distinguir rapidamente entre tensão e relaxamento é, portanto, uma capacidade necessária que todo facilitador deve desenvolver.

PERCEPÇÃO E O FECHAR-SE EM SI MESMO

Devemos cuidar para que o paciente não se feche em si mesmo ou comece a usar a imaginação; senão, ele simplesmente intensifica o trauma da memória. Fazendo perguntas apropriadas e na hora certa a respeito dos sentimentos físicos, o facilitador ajuda o paciente a manter a percepção de suas energias corporais e assim permite que a energia flua naturalmente. Isso permite ao paciente soltar e liberar as emoções e energias reprimidas de maneira segura e de modo permanente.

COMPORTAMENTOS ÚTEIS E INÚTEIS

1. Como mencionado anteriormente, quando estiver ajudando uma outra pessoa a se autoprocessar, esteja plenamente presente e com a atenção focada sobre ela. A não ser para anotar num mapa corporal a sequência do processo, evite escrever ou fazer anotações durante o processamento.

2. Esteja perceptivo do seu próprio corpo físico enquanto o paciente está sendo submetido a seus próprios sentimentos e sensações. Isso pode ajudar você a perceber ou sentir a natureza do que ele está sentindo.

3. Quando o paciente está experienciando dor emocional e chorando, é às vezes útil segurar ou tocar seus braços ou ombros. Note que isso deve ser feito quando considerar apropriado. Na dúvida, evite fazê-lo.

PROCESSAMENTO ENTRE CÔNJUGES, PARENTES OU AMIGOS

No processamento da autopercepção, particularmente o processamento emocional, casais, parentes ou amigos próximos que estejam tentando ajudar a processar uns aos outros podem encontrar algumas dificuldades. Por exemplo:

- Quando a questão que está sendo processada é direta ou indiretamente relacionada ao próprio relacionamento entre eles, pode haver o sentimento de uma das partes de que o assunto não está sendo tratado e que o processamento está evitando tratar do assunto. A pessoa que está se sentindo magoada ou zangada pode até mesmo não estar querendo fazer o processamento. Pode ser melhor discutir o assunto antes, e depois fazer o processamento após ambas as partes sentirem que será útil.

* Para um processamento mútuo sem obstrução não deve haver questões emocionais negativas entre as partes.

MOVIMENTOS CORPORAIS

Às vezes os pacientes balançam ou sacodem o corpo. Uma pessoa, por exemplo, que estava processando o medo do escuro começou a se sacudir de maneira circular. O balanço tornou-se mais rápido e mais vigoroso. Durou por cerca de cinco a dez minutos e foi gradualmente cessando.

Num outro caso, o corpo da paciente balançava para frente e para trás. Então, ela de súbito lançou-se para frente de tal maneira que a cabeça foi jogada para trás e a sua expressão facial mostrava que ela sentia alguma dor. Posteriormente, os seus quadris sacudiam muito rapidamente de lado a lado, como numa dança. Isso continuou por cerca de dez minutos. Quando lhe pediram para ficar perceptiva do movimento ondulatório ou da tensão no corpo, o movimento diminuiu e eventualmente parou.

Balançar ou sacudir é apenas a manifestação de desequilíbrio da energia no corpo. Quando se permite que essas coisas aconteçam com percepção, então elas finalmente cedem e desaparecem.

10

Atingindo um Nível Zero de Tensão Emocional

Uma qualidade importante que precisamos desenvolver no processo de autotransformação é *a capacidade de atingir um estado de relaxamento funcional sempre que não houver necessidade de tensão.* Isso libera a energia da consciência para percepção, em vez de ser sugada pela tensão psicofísica.

A tensão é uma parte necessária da vida diária, e nos movemos e executamos ações físicas pelo tensão do nosso sistema muscular. Os músculos também ficam tensos quando temos ansiedade, medo ou alguma outra emoção negativa, e há aumento da energia *ch'i*, deixando o sistema psicofísico pronto para a ação. Durante estes estados, o sistema psicofísico não fica num estado relaxado, isto é, não fica num nível zero de repouso ou de relaxamento.

Quando, no entanto, a pressão circunstancial alivia e não temos mais ansiedade ou raiva observáveis, ainda assim muitas pessoas não voltam ao estado de repouso ou relaxamento. Ainda existe tensão em uma ou mais áreas do corpo. Geralmente a pessoa não está sequer perceptiva desta tensão contínua. Esta tensão crônica causa cansaço e estresse.

Nível funcional zero. Devemos, portanto, aprender como atingir um nível funcional zero de tensão de momento a momento. É chamado de "funcional" porque não é um verdadeiro nível zero, de absolutamente tensão nenhuma. Existe ainda alguma tensão para manter um nível de alerta funcional, tal como durante o trabalho, a conversa ou a caminhada.

Esse nível funcional depende do tipo de atividade na qual estamos engajados. Por exemplo, se estamos engajados num jogo de pingue-pongue, então o nível zero de tensão funcional irá manter um estado mínimo de tensão de modo que possamos responder rapidamente às bolas que são jogadas para nós. As pernas ficam dobradas, flexíveis e prontas como se fossem molas. O braço que segura a raquete é elevado à altura do peito, pronto para se mover para a esquerda ou para a direita. Mas não devemos ficar *mais* tensos do que é funcionalmente necessário, senão isso interferirá na maneira como reagiremos. Assim, um braço e um corpo enrijecidos – indicando tensão excessiva durante um jogo de pingue-pongue – diminui o nosso tempo de resposta para uma bola que é lançada para nós. Tal enrijecimento não é um nível funcional zero para um jogador de pingue-pongue. Aliás, nós nos tornamos menos eficientes ou menos eficazes no jogo.

O efeito obstrutivo da tensão desnecessária é encontrado em muitos jogos e atividades: no golfe, uma rigidez ou tensão indesejada interfere com o impulso amplo do taco; na natação, ela enerva os nadadores mais rapidamente do que a necessidade que têm de energia; na conversação, a manipulação de chaves e de lápis afeta a atenção do ouvinte; na dança, a tensão nos músculos errados garante a perda da graciosidade do movimento.

Em cada uma dessas atividades, no entanto, uma combinação de tensão e relaxamento é necessária para que a energia favorável produza o resultado que desejamos, e as combinações sejam diferentes para cada atividade.

O nível funcional zero de um jogador de pingue-pongue é diferente do nível funcional zero de uma pessoa sentada numa cadeira lendo uma revista. No último caso, as pernas não precisam estar dobradas e tensas para a maximização da agilidade. Elas podem estar completamente esticadas e relaxadas. Os braços podem estar totalmente descansados, exceto os músculos dos braços e das mãos necessários para segurar a revista. Se as pernas estiverem tensas enquanto se lê uma revista, então a pessoa não está no nível funcional zero. Isso é tensão *desnecessária*.

A autopercepção ajuda-nos a atingir esta combinação favorável de tensão e relaxamento que representa o nível funcional zero de momento a momento. No jogador de pingue-pongue a testa e os ombros devem estar relaxados. O aperto da mão na raquete deve ser apenas o suficiente e não demasiado. Os pés não saltam e nem pulam e dançam num estado de impaciente antecipação. Qualquer um destes movimentos ou tensões desnecessários serão notados se você estiver perceptivo, e cessarão naturalmente quando você os notar. Ao ler uma revista, você pode notar que suas pernas estão desnecessariamente tensas. A simples observação disso permitirá que elas voltem ao estado natural de relaxamento. Esses exemplos podem ser aplicados a qualquer estado de atividade humana.

O nível funcional zero não é meramente um estado de não tensão. É também a obtenção da calma emocional na vida diária. Este estado torna possível a sensibilidade emocional para você mesmo e para as emoções dos outros.

Nível Virtual Zero. O nível funcional zero de tensão é diferente do nível virtual zero de tensão, que é o nível máximo de relaxamento para o ser humano. Isso é alcançado na meditação ou na *postura do morto* do *Hatha Yoga*. Neste nível, praticamente todos os músculos voluntários estão num estado de repouso. Não há aumento de energia para nenhuma resposta antecipada. Na meditação este estado de relaxamento é evidenciado por um nível muito superficial de respiração, quase imperceptível, indicativo da pouca necessidade, pelo corpo, de oxigênio e de *ch'i*. Isso evidencia um baixo nível de atividade biológica, emocional e mental na pessoa. A atividade das ondas cerebrais neste estado deve indicar ondas alfa, delta ou theta.

Esse nível é chamado virtual porque não é necessariamente o nível absoluto de não tensão. Este último pode não ser possível, pois é um estado que é inútil. A vida biológica e psicológica precisa de atividade. Mesmo na morte, descobrimos que muitas pessoas são enterradas com as suas tensões da vida.

Nível Psicológico Zero. O nível zero de tensão torna possível um outro estado, o *nível psicológico zero* – um estado funcional de percepção no qual os pensamentos não são reativos e não têm tendência a formar opiniões, gostos, aversões e julgamentos. A mente não fica ocupada com os pensamentos. O nível psicológico zero não é um estado inútil ou disfuncional. Pelo contrário, é um estado que permite aos estados interior ou sutil de consciência interagirem diretamente com a Realidade. A função intuitiva é ativa, e é possível a verdadeira ação impessoal, não apenas reação pessoal.

Como o nível funcional zero torna possível um alto grau de habilidade na ação humana, o nível psicológico zero abre a possibilidade de maior compreensão humana, resultando em avaliação e resposta superiores a uma situação, particularmente quando unidas ao autodomínio. A avaliação de situações está no nível intuicional em vez de estar no nível lógico. Somos capazes de ver além das aparências, pois não estamos mais absortos ou distraídos pelas respostas condicionadas, seja emocional ou mentalmente. Assim, a dor física não é mais vista como sendo desagradável nem como algo a ser evitado. É uma sensação que tem um propósito biológico e que psicologicamente não é agradável nem desagradável. Podemos sentir a sensação de "dor", mas não experienciamos o infortúnio psicológico. Também não existe o gosto ou aversão pessoal pelas pessoas, que é uma resposta condicionada – e por isso superficial – às pessoas. Em vez disso, surge para as pessoas uma qualidade diferente de realidade que é profunda, autêntica e compassiva.

Desses três níveis zero, o primeiro que exploramos é o nível funcional zero. O processamento da autopercepção é o passo mais direto para se alcançar este nível se houver continuidade. O processamento da autopercepção nos libera das congestões de energia e dos mecanismos que causam tensões desnecessárias. Somente quando o nível funcional zero é atingido com regularidade é que os outros dois níveis podem tornar-se possíveis.

QUATRO ABORDAGENS À AUTOPERCEPÇÃO DIÁRIA

Aqui estão quatro abordagens para estimular a autopercepção diária. Esforce-se por torná-las partes integrantes do comportamento diário. O primeiro efeito destes hábitos é a diminuição da tensão crônica e do estresse, que, por fim, produz uma qualidade de plena atenção momento a momento e um efeito transformador em nossa vida.

Respiração Abdominal. Faça com que esta se torne a sua respiração normal, em vez da respiração peitoral superficial. A respiração abdominal tende a relaxar todo o corpo e a acalmar os sentimentos. Tente conscientemente respirar dessa maneira sempre que possível. Eventualmente este irá tornar-se um hábito inconsciente.

Falando a partir do Estômago. Uma pessoa tensa tende a ter a voz elevada; a pessoa em pânico pode até mesmo ter uma voz estridente. Por outro lado, uma pessoa muito relaxada tende a ter uma voz sonora, harmoniosa. Quando acordamos de um sono muito tranquilo, notamos que temos um tom de voz baixo. O nosso estado de tensão é refletido na qualidade de nossa voz. Um tende a seguir outro.

Portanto, uma maneira de manter um baixo nível de tensão é falando a partir do estômago, produzindo o som a partir do diafragma e do abdômen sem retesar a caixa de voz.

Para praticar a fala a partir do estômago, tente pronunciar palavras que começam com a letra "R"; *rei, roupa, raio* sem o som do "R" (crie a tensão na garganta como se fosse pronunciar o "R" e não o pronuncie – N.T.). Fique perceptivo de qualquer esforço de retenção na área da garganta. Simplesmente deixe a caixa de voz reverberar à passagem do ar. Quando você tiver adquirido a habilidade, então pratique lendo regularmente dessa maneira.

Pensando a partir da Espinha Dorsal. Você já notou que pode pensar a partir de diferentes partes da cabeça e do corpo, e que estes modos de pensar estão correlacionados com o seu nível de tensão?

Existem três modos de pensar. O primeiro é pensar a partir da testa, o segundo a partir da parte de trás da cabeça, e o terceiro a partir da coluna dorsal. Frequentemente vemos pessoas franzindo o cenho numa expressão de ansiedade, preocupação ou raiva. Por isso, elas geralmente formam sulcos permanentes entre as sobrancelhas. Se fizermos isso deliberadamente, notaremos que existe uma tensão correspondente na nossa cabeça, particularmente na área da testa e do couro cabeludo. Este é o primeiro modo de pensar. As pessoas que constantemente pensam dessa maneira serão mais suscetíveis a dores de cabeça e a se tornarem grisalhas mais cedo. Tente agora. Franza o cenho enquanto olha para alguma coisa. Fique perceptivo do couro cabeludo e da nuca. Você nota a tensão? Se você notar, permaneça com a tensão para que se lembre de como ela é.

Depois, no estado de percepção, permita que a tensão ceda, deixando que os músculos da cabeça relaxem.

Enquanto você ainda está perceptivo da cabeça, olhe para o mesmo objeto novamente, desta vez com a percepção de qualquer possível tensão. Observe *de onde* você tende a estar pensando. Onde é o seu atual centro de consciência? Isso nos leva ao segundo modo de pensar: pensar a partir da parte de trás da cabeça. Você pode notar que embora o primeiro modo pareça focado na área da testa, este segundo modo é algo difuso na cabeça. Você pode até mesmo notar que está mais consciente da base do crânio na nuca. Você irá notar que está mais relaxado na observação do objeto que escolheu.

Permaneça com este modo de pensar por dois ou três minutos. Familiarize-se com a diferença entre o primeiro e o segundo modos. Observe se os músculos do couro cabeludo, da testa ou das sobrancelhas estão tensos. Sinta qualquer sensação nas laterais da cabeça, nas têmporas, etc.

O terceiro modo de pensar é aquele no qual a sua percepção inclui a espinha dorsal. Dessa forma, você se torna perceptivo de praticamente todos os estados de tensão ligados ao pensamento. Você irá notar que existe uma tensão mínima neste tipo de olhar e de pensar. Existe autopercepção. Ao mesmo tempo, você tende a experienciar uma percepção e uma compreensão mais profundas dos eventos, das conversas e das situações.

Tente tornar esse terceiro o seu modo normal de pensar. Pratique com a mesma frequência que se lembrar até que se torne uma segunda natureza.

Fazendo uma Pausa antes de Agir. Finalmente existe uma quarta abordagem que irá naturalmente surgir da prática dos três modos anteriores. Esta é a pausa antes de agir. Esta pausa é realmente uma pausa de percepção, não necessariamente em termos de tempo. Ela pode levar apenas uma fração de segundo, ou até alguns poucos segundos.

Já que você está para ler as próximas palavras, faça essa pausa de percepção. Fique perceptivo de sua cabeça, do seu corpo, de seus sentimentos, das reações do seu pensamento, e de sua atitude neste momento. Veja se seus ombros e braços estão tensos enquanto você segura este livro. Fique perceptivo da razão por que você continua a ler estas linhas.

Antes de falar com alguém, faça a pausa de percepção. Antes de responder ao telefone, faça essa pausa.

O monge budista Thich Naht Hahn refere-se a uma versão desta pausa que ele chama de sua "meditação do telefone". Ele sugere que quando o telefone tocar pela primeira vez, você inspire profundamente. Na segunda vez, abra um sorriso. Na terceira vez, pegue o telefone.

Essas quatro ferramentas devem ser conscientemente praticadas com tanta frequência quanto possível, até que se tornem parte de sua natureza. Se isso for feito com diligência, você irá certamente notar a mudança em sua vida em poucos meses.

11
A Natureza da Dor Emocional

Os livros sobre psicologia e psicologia-fisiológica nos dizem que as emoções são acompanhadas de mudanças físicas no corpo tais como diminuição da salivação, aumento na transpiração cutânea e secreção de epinefrina ou adrenalina. O que eles geralmente não mencionam é o despertar do *ch'i*, que já foi anteriormente discutido neste livro. O despertar do *ch'i*, acompanhado de atividades fisiológicas tais como ativação de adrenalina, aumento de pressão arterial, ou enrijecimento de músculos, é o que chamamos de emoção, quer seja agradável ou desagradável. Pode ser provocado por uma cognição (ver ou lembrar) ou por uma expressão facial (olhar carrancudo ou sorriso). Quando nenhum fluxo de energia é disparado, não há emoção.

Neste capítulo, investigaremos a natureza da dor emocional, mas não a natureza de todos os tipos de emoções. A alegria como emoção, por exemplo, não é um problema e por isso pode ser deixada como está sem qualquer interferência ou processamento, a não ser que tenhamos incapacidade para experienciar a alegria ou resistência para experienciá-la.

Por que a visão de uma cobra causa o despertar da energia do medo numa pessoa, mas não em outra?

A jovem Susan vê uma cobra. Anteriormente alguém lhe falara a respeito de cobras venenosas e do perigo que representam. Ela agora acredita (tem consciência) de que está correndo perigo mortal. Todo o seu corpo se prepara para fugir, disparando a liberação de adrenalina (e *ch'i*), e ela corre para um local seguro. Agora em segurança, Susan dirige sua atenção, ou é distraída, por outras coisas, e ignora a energia que continuou fluindo. Alguém conversa com ela a respeito de um tópico inteiramente diferente, e sua mente é levada para longe da experiência do medo. O fluxo de energia para, congelando-a assim em algum lugar do sistema. Esta energia congelada permanece lá como um bloco ou congestão até ser liberada. Pode estar lá após dez dias, dez anos ou toda uma vida.

Da próxima vez em que Susan vir uma cobra, o seu sistema biológico enviará a energia do lute-ou-fuja (ou resposta *ch'i*), empurrando ou colocando pressão sobre a energia congelada que está bloqueando o seu sistema. Isso precipita a energia presa, que ela sente como um movimento desagradável de energia no corpo. Poderia ser uma sensação errada, ou fraca, dependendo da quantidade de energia congelada que é precipitada. Esta energia que ela sente é o medo. *A resposta biológica de lute-ou-fuja que é acompanhada por torrentes de adrenalina ou* ch'i *não constitui o medo em si mesmo. O disparo desta energia congelada é que é sentido como medo.* Esta energia precipitada é sentida como um endurecimento na boca do estômago, como um sentimento de afogamento, ou como um despertar do fluxo de energia nas extremidades. Pode ser sentida como uma sensação de formigamento ou de calor. Quando bastante forte, causa dormência ou até mesmo rigidez dos músculos.

Quando o corpo não tem bloqueios de energia ou congestão durante os momentos de tensão, crise ou perigo, a energia natural flui e é sentida como um estado intensificado de alerta ou de prontidão, como o estado intensificado de um jogador de pingue-pongue, estado esse que não é medo.[1]

Quando experienciamos o medo, significa que alguma experiência desagradável anterior acumulou uma reserva de energia em partes específicas do corpo que não fluiu quando foi despertada. Esta congestão de energia é estimulada pela cognição da ameaça. *A dor emocional, portanto, é a presença aflitiva desta congestão de energia que é precipitada por uma memória, uma situação ou um estímulo.* Quando esta congestão dissipa-se, a dor emocional desaparece.

Esta compreensão da natureza do despertar emocional está baseada em centenas de sessões de processamento com pessoas cujos medos, raivas ou ressentimentos desapareceram após a energia congestionada ter fluído ou ter sido liberada através do processamento.

A liberação normalmente ocorre dentro de trinta minutos, embora numa pequena quantidade de casos leve muito mais tempo.

Examinaremos agora a natureza das emoções desagradáveis, e veremos como o processamento da autopercepção soluciona muitos fardos emocionais bem rapidamente.

EMOÇOES BÁSICAS E DERIVADAS

As emoções desagradáveis ou dolorosas são de vários tipos. Alguns exemplos são mágoa, ressentimento, raiva, irritação, furor, fúria, cólera, preocupação, medo, culpa, inveja, ciúme, tristeza, depressão, melancolia, solidão, ansiedade, pânico, vergonha, embaraço, exasperação, aborrecimento, angústia, aflição, aversão, desgosto, remorso, pesar e desespero.

Existem muitos tipos de emoções desagradáveis, mas existem apenas umas poucas emoções primárias. As outras emoções são derivadas das emoções primárias. Saber como lidar com as emoções primárias nos permite lidar eficazmente com as emoções secundárias delas derivadas.

Existem seis emoções primárias negativas, até onde podemos atualmente determinar. São elas: medo, raiva, pesar, aversão, desânimo e culpa. Essas emoções primárias não são conversíveis entre si. Esta lista não pretende ser uma lista final e não inclui, como mencionei antes, as emoções positivas, tal como a alegria, porque estamos atualmente preocupados apenas com o gerenciamento eficaz das emoções que são obstrutivas à maturidade e ao crescimento humanos.[2]

Medo

O medo é uma reação biológica que tem estado embutida no nosso sistema para autopreservação. Nós o compartilhamos com os animais. Nos seres humanos, no entanto, a reação de medo desenvolve-se em níveis mais profundos de complexidade e sutilezas que engendram uma grande variedade de emoções secundárias derivadas.

Pesquisas feitas com crianças mostram que elas têm apenas dois medos naturais: medo de sons altos e medo de cair. Todos os outros medos, inclusive o medo de cobras, do escuro, de estranhos, de altura, e de pessoas, são adquiridos. O medo é a principal causa da infelicidade humana e é um sério obstáculo ao nosso crescimento, tanto assim que o processo de autotransformação devota especial atenção a ele.

A seguir temos as emoções secundárias derivadas do medo:

Preocupação. É um mecanismo de nossa psique que nos impele a fazer alguma coisa. A energia instigadora é o medo – geralmente medo de alguma consequência. Porque sente medo, a pessoa tende a evitar pensar a respeito. Assim, a preocupação tende a perpetuar-se num círculo – o medo causa inação, e a inação, em consequência, causa preocupação. Eu dediquei o Capítulo 18 a essa importante emoção negativa e ao modo como lidar com ela.

Ansiedade. É um medo cujo objeto é não específico ou vago, enquanto a preocupação é a respeito de algo específico e identificado. A ansiedade é o resultado de repetidos temores não processados que se acumularam no nosso subconsciente. Tornou-se um sentimento vago a respeito de uma desventura iminente, mas que não pode ser tratada porque é indefinida. Para solucioná-la, deve primeiramente ser convertida nas preocupações específicas, e depois podemos aplicar as diretrizes sobre como lidar com a preocupação.

Pânico. É um medo opressivo que nos torna confusos e incertos a respeito do que fazer. Este é o resultado acumulado de muitos medos, preocupações e ansiedades que não foram bem resolvidos ou manipulados. O pânico resulta às vezes em *ataques de pânico*, aqueles sentimentos inexplicáveis que podem não ter qualquer causa imediata.

Fobias. São reações temerosas que se apresentam (1) fora de proporção quanto ao real perigo, tais como pular e gritar ao se ver um rato ou uma barata, ou (2) irracionais, tais como tremor quando se vê a foto de uma aranha.

Trauma. É uma "ferida" psicológica que continua a causar aflição. Estritamente falando, os medos adquiridos são realmente traumas em vários graus de intensidade. Mas o trauma torna-se patológico quando causa aflições periódicas tais como pesadelos, reações intensas a qualquer coisa que nos faça lembrar do mesmo, ou quando perturba seriamente nossa vida e trabalho diários.

Inveja. É uma emoção mais complexa, sendo a mistura de uma quantidade de coisas: baixa autoestima, ressentimento e medo. Não invejamos o sucesso ou as realizações daqueles com quem nos identificamos, isto é, daqueles a quem amamos e estimamos. Suas realizações são também nossas de modo vicarial. Por outro lado, as aquisições daqueles com quem não nos identificamos, particularmente daqueles de quem nos ressentimos, são sentidas como ameaça à nossa própria autoestima.

Embaraço. Envolve a perda de credibilidade e o sentimento de confusão e perplexidade ao mesmo tempo. O embaraço pode não ter sido causado por ninguém, como quando escorregamos ou caímos em frente às pessoas. Por isso, não há causa para raiva com relação a ninguém (exceto talvez a nós mesmos). O embaraço manifesta-se com a pessoa retirando-se, escondendo-se e não querendo encarar ninguém. Tem raízes no medo do que as pessoas possam pensar ou dizer.

Vergonha. É um sentimento semelhante. É o medo da rejeição, ou um sentimento de ser rejeitado pelos outros. Tem raízes numa autoestima doentia.

O medo não apenas engendra emoções secundárias ou derivadas, mas também certos estados psicológicos ou características de personalidade. Entre estas estão incluídas as seguintes:

Insegurança. É um estado patológico sutil e crônico de não se sentir à altura. Tem raízes no medo e é algo diferente do fluxo de emoções como a ansiedade ou o pânico. É o resultado do acúmulo subconsciente de medos. Mal estamos perceptivos dos sentimentos ligados à insegurança, mas apesar de tudo comportamo-nos de acordo com esses medos. Porém, o senso de insegurança desaparece quando as várias formas de medo são resolvidas através do processamento da autopercepção.

Baixa autoestima. É um outro estado que é caracterizado pela fraca autoconsideração, insegurança e desejo de ser amado e apreciado. Já não é uma emoção, mas uma atitude ou estado psicológico.

Tem raízes nas experiências infelizes que não foram apropriadamente processadas e que afundaram profundamente no subconsciente.

Raiva

A raiva tem raízes biológicas. Manifesta-se no estado incitado do corpo que está pronto para lutar ou atacar. A energia (*ch'i*) física e etérica é requisitada de nossas reservas e descarregada no sistema para responder à emergência. Os animais mostram os dentes, encurvam as costas, eriçam o pelo e assumem uma atitude feroz.

Entre os seres humanos, a raiva adquiriu um nível de complexidade e sutileza de modo que já não é uma questão de lutar com unhas e dentes. As normas sociais reprimiram a expressão exterior de uma tal incitação, resultando na supressão constante e na construção de um outro tipo de congestão no interior do sistema.

A raiva não começa como raiva. Ela é precedida pela irritação. Mas a irritação por sua vez não começa como irritação. É precedida por um estado sutil de desconforto ou desprazer que geralmente passa despercebido. E porque o desconforto não é notado, ele não é resolvido e tende a se transformar em irritação ou raiva enquanto o estímulo para o desconforto continuar presente.

Quando a raiva não é resolvida e se acumula, ela se torna cólera ou fúria. Nesse estado, não mais estamos sob controle. Alcançamos o estado de incapacitação mental, e o nosso comportamento será agora controlado pela cólera e não pela razão. Existe uma tendência em direção à violência, e se estivermos de posse de uma arma, poderemos ferir ou matar uma outra pessoa a quem estimamos.

Existem graus de raiva, mas o desconforto não é um deles. Podemos sentir desconforto sem estarmos zangados. Seguem abaixo alguns dos derivados da raiva.

Frustração. É o sentimento de não ser capaz de fazer alguma coisa a respeito de um estado indesejado. É geralmente acompanhada de irritação e raiva que leva à agressão.

Irritação. É um nível moderado de desprazer a respeito de uma pessoa ou uma situação, que é acompanhado de impaciência ou raiva.

Cólera. É uma raiva violenta e descontrolada. É o resultado da raiva acumulada e é como a erupção de um vulcão.
Ira. É uma raiva mais forte acompanhada de malevolência e às vezes de ódio. Manifesta-se como sentimento de indignação justificada.

Mágoa

Sentir-se magoado não é geralmente uma das emoções fundamentais listadas pelos psicólogos. Mas nossas observações no processamento da autopercepção indicam que ela é uma reação emocional diferente das outras. Não é uma forma de medo; nem raiva nem frustração. Estar magoado é um sentimento no qual o nosso autovalor ou autoestima parece ter sido assaltado. É uma reação psicológica que difere da raiva e do medo, que têm raízes mais próximas das origens biológicas. Sentir-se magoado pode ser análogo ao impulso biológico em direção à autopreservação e à sobrevivência, exceto que, neste caso, é a preservação do ego psicológico, o senso de egoidade.

A resposta enérgica na mágoa é o retirar-se, e o seu ponto focal físico está na área do peito. É um sentimento de ir à pique, às vezes como o sentimento de uma facada no peito em torno da área do coração.

Quando nos sentimos magoados, como quando nosso marido ou esposa diz ou faz algo que parece não nos levar em consideração ou nos ignorar, podemos não ficar zangados. Quando a mágoa não é acompanhada pela raiva, podemos tão somente engolir em seco ou nos retirar e sentirmos a mágoa sozinhos. É como estar ferido, e a ferida precisa de tempo para sarar.

Mas o estar magoado é frequentemente acompanhado de um sentimento de ser vítima de uma injustiça; por isso, a mágoa é às vezes acompanhada de indignação e ressentimento.

Alguns dos derivados do sentimento de mágoa são os seguintes:

Sentir-se ***insultado*** é um sentimento de ser degradado pelos outros. A reação é geralmente acompanhada de raiva.

Autopiedade é prolongarmo-nos autoindulgentemente sobre nossas mágoas e pesares.

A **Depressão** pode surgir da autopiedade, que pode ter surgido da mágoa.

O **Ressentimento** é a mágoa misturada com irritação ou raiva. Podemos estar zangados com uma certa criança, mas necessariamente não guardamos rancor da criança, a não ser que tenhamos sido pessoalmente afetados ou feridos.

O **Ódio** é um nível intenso de ressentimento. Neste caso, existe raiva, não apenas irritação.

Abatimento

O abatimento inclui um grupo de emoções que são difíceis de classificar, mas que são caracterizadas pelo abatimento do ânimo e diminuição da força. Essas coisas podem ser causadas pela perda de algo ou de alguém, pela perda de esperança, ou pela separação do nosso objeto de apego.

Tristeza. É caracterizada por um baixo nível de energia, falta de motivação e interesse, e perda de atrativo. É mais um estado de ânimo, e pode não ser causado por nenhuma perda em particular.

Depressão. É um estado de desânimo acompanhado de autodepreciação, baixa energia e sentimento de inadequação. Existem dois tipos: (1) a depressão normal que é um abatimento temporário e que se dissipa ao longo do tempo, e (2) a depressão neurótica ou psicótica que é profunda, duradoura e às vezes suicida.

Desespero. É a perda de esperança. É diferente da tristeza, mas partilha da mesma queda de energia.

Pesar. Como palavra, é usado em muitos sentidos diferentes. Geralmente é usado para descrever um senso amargo de perda de um ente-querido, que cairia sob esta classe de emoção (abatimento). Mas o pesar é também às vezes usado para fazer referência ao remorso amargo, o que o fará cair sob a categoria de culpa.

Aversão

A aversão é uma inclinação intensa para evitar alguma coisa. É repugnância ou revulsão, um forte desagrado ou desgosto por alguma coisa. A aversão é diferente do medo, embora possuam características similares. Por exemplo, a aversão à lagarta pode envolver o sentimento desagradável de que ela está se arrastando pelo nosso braço. O sentimento desagradável geralmente se transforma em medo de lagartas. A aversão a coisas viscosas ou a estrume, no entanto, pode não se transformar em medo.

O **Nojo** de certos alimentos pode ser experienciado como um sentimento nauseabundo ou que causa vontade de vomitar.

Culpa

A culpa é um sentimento que resulta da percepção da violação, por nós, de um código ou princípio moral particular.

O **Remorso** é um sentimento mais intenso de aflição devido à culpa.

EMOÇÕES E MOVIMENTOS DE ENERGIA

Cada uma das seis emoções básicas tem localizações correspondentes em termos do movimento e da congestão da energia *ch'i* no nosso sistema psicoetérico.

O **Medo** de um evento iminente é geralmente sentido como o movimento ou congestão de energia na boca do estômago ou no plexo solar. Pode fazer-se sentir como se tivéssemos borboletas ou uma bola dura no nosso estômago. Quando de fato se está face a face com uma ameaça (altura, cobra, etc.), geralmente sentimos a reação nos nossos membros, tais como tremor, enfraquecimento ou congelamento.

A **Raiva** é quase sempre sentida na cabeça, embora possa ser seguida de dor em outras partes do corpo tal como as costas.

A **Mágoa** é sentida no peito, geralmente do lado esquerdo, cerca de cinco centímetros à esquerda do osso esterno. Pode ser sentida como uma punhalada ou como uma bola dura congelada. Sentimos uma opressão no peito que torna a respiração mais difícil.

O **Abatimento** ou **tristeza** envolve um sentimento enfraquecido, falta de energia psíquica ou física. A depressão, que é a forma extrema de abatimento, é propícia a pensamentos de suicídio.

A **Aversão**, quando não está associada ao medo, é sentida como náusea ou outras formas de sensações físicas desagradáveis (tais como arrepio ao simples pensar em lagartas arrastando-se sobre nossa pele).

A **Culpa** é também sentida no peito, mais no centro, na parte inferior do esterno. É também sentida como opressão.

Em todas essas reações, existe uma energia de desarmonia ou congestão, ou ainda de retirada. A restauração do fluxo natural de energia nas áreas afetadas e através de todo o sistema remove eficazmente a aflição. Embora esta afirmação possa parecer uma abordagem simplista a desordens de caráter tão sério como traumas e fobias ou depressão, você pode verificar por si mesmo através da experimentação e da investigação antes de colocá-la de lado. Anos de experiência em Seminários de Autotransformação e sessões de aconselhamento por meio de facilitadores de seminários têm repetidamente afirmado a eficácia dessa abordagem em ajudar os indivíduos a se aliviarem de suas dores emocionais.

EMOÇÕES E AUTOPERCEPÇÃO

A partir do que foi antes abordado, descobrimos que dentro de cada grupo, as emoções podem diferir de uma para outra apenas em termos de graus, mas não de espécie. Por exemplo, nós temos muitos graus de medo – que vão de um simples desconforto com referência a algum objeto até a plena fobia ao mesmo objeto.

A autopercepção evita a intensificação de uma emoção aflitiva sem supressão. Também permite que uma emoção reflua naturalmente para um estado de equilíbrio ou equanimidade.

Tomemos a emoção da raiva como exemplo (ver Figura 10).

A raiva é uma emoção de nível médio que cresceu devido à irritação e ao desconforto. A raiva não aparece imediatamente como raiva, exceto quando ativado um acionador já condicionado. É sempre precedida de irritação. A irritação, por sua vez, é sempre precedida de desconforto ou tensão. Quando não estamos perceptivos de um desconforto, ele pode tornar-se irritação. Quando não estamos perceptivos de irritação, ela pode tornar-se raiva, e quando não estamos perceptivos da raiva, ela pode tornar-se furor ou fúria. Neste último estágio, as pessoas tornam-se "mentalmente incapacitadas". Elas não mais raciocinam; perdem o controle de si mesmas. É a energia reprimida irrompendo do sistema. A energia exige ser liberada por meios violentos, tais como atirar as coisas, bater em alguém, dar socos nas paredes, ou gritar. Quando é suprimida, as pessoas sentem tremores nas mãos, e é provável que a pressão sanguínea suba muito.

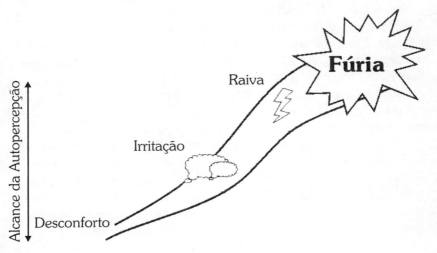

Figura 10: A Evolução da Raiva

Quando há autopercepção, permite-se que a energia flua naturalmente, não se desenvolvendo assim numa forma mais intensa. É provável que o desconforto seja resolvido a seu nível, sem necessidade de se transformar em irritação. Nem a irritação transformar-se em raiva.

A autopercepção pode então lidar eficazmente com o desconforto, a irritação e até mesmo com a raiva – evitando a sua intensificação ou permitindo a liberação segura da energia que se eleva.

EXPRESSÃO *VERSUS* LIBERAÇÃO

Às vezes lemos a respeito de livros que advogam a expressão de uma emoção tal como a raiva para a pessoa curar-se do sentimento aflitivo. Muitos *workshops* usam esta abordagem para liberar a raiva. Eu li certa vez que, numa fábrica japonesa, a companhia disponibilizou um aposento no qual um travesseiro era amarrado a um poste. O travesseiro tinha o desenho de um rosto. Quando os trabalhadores ficavam zangados ou frustrados com seus supervisores, eles podiam ir para o aposento e socar o travesseiro para descarregar a raiva. Este método resolve o problema da frustração ou da raiva? Eu penso que não. Ele pode temporariamente liberar a energia perigosamente reprimida, mas não resolve a frustração nem a raiva interior. Expressões de hostilidade não a diminuem necessariamente. Aliás, pesquisas mostram que a expressão pode intensificar a hostilidade. Em um estudo, foi entrevistada uma centena de engenheiros demitidos. A alguns deles foram feitas perguntas que lhes permitiam descarregar sua hostilidade. Quando todo o grupo recebeu um questionário com referência à atitude em relação à companhia, descobriu-se que aqueles que tinham dado vazão à raiva mostravam mais hostilidade do que aqueles que não o fizeram.[3]

O processamento da autopercepção é uma abordagem não violenta para liberar a energia armazenada. A liberação da energia resolve a aflição ou a dor emocional permanentemente. Em si mesma não resolve o conflito externo que causou a aflição interna, mas a liberação da energia acumulada remove os mecanismos das reações que tendem a cegar a pessoa para uma realidade objetiva.

Notas:
1. Experiências nas quais houve injeção de adrenalina em pacientes para imitar os efeitos do sistema nervoso simpático mostram que os pacientes não sentiram emoções. Schachter. S., & Singer, J.R. Determinantes cognitivos, sociais e fisiológicos do estado emocional. *Psychological Review*, 69 (1962), 379-399, citado em David G. Myers, *Psychology*, 4th ed. (New York: Worth Publishers, 1995), p.456.
2. Diferentes psicólogos têm listas diferentes das emoções básicas. Encontram-se no mínimo duas (felicidade e tristeza) até o máximo de onze (raiva, aversão, coragem, abatimento, desejo, desespero, medo, ódio, esperança, amor e tristeza). A lista varia de acordo com os critérios escolhidos pelo psicólogo. Veja as listas em Ortony, A.,&Turner., *What's basic about emotions? Psychological Review*, 97 (1990), pp.315-331.
3. Ebbesen, E.B., Duncan, B. & Konecni, V.J., Effects of content of verbal aggressive on future verbal aggression: A field experiment. *Journal of Experimental Social Psychology*, 11 (1975), 192-204, citado em David G. Myers, *Psychology*, 4th ed. (New York: Worth Publishers, 1995), p.446.

12

Medindo a Aflição

Uma ferramenta de medição adequada ao processamento da autopercepção é a unidade subjetiva de aflição (USA*) desenvolvida por S. Wolpe. Varia de 0 a 10, na qual o paciente avalia a força da aflição, sendo 0 nenhuma aflição ou nenhuma dor, e 10 o máximo de aflição ou dor.

Esta ferramenta de medição é útil pelas seguintes razões:

- Diz ao facilitador que o paciente ainda está desconfortável. Se o paciente disser "3", então o facilitador pergunta: "Onde você sente este 3? Examine seu corpo cuidadosamente e veja onde você sente o desconforto".
- Ajuda o paciente a saber se obteve alguma melhora no sentimento interno de aflição. Às vezes ele não dá valor ao processo e não compreende que alcançou um melhor estado de relaxamento.

Durante uma sessão com cerca de seis membros do quadro de pessoal de uma instituição, estive conversando com eles informalmente antes do início da sessão, e senti que estavam mais ou menos relaxados, julgando pela maneira como interagiam comigo. Fui surpreendido quando um deles disse que estava 9 na escala de 0 a 10 e outros dois estavam 7. Compreendi que minha avaliação externa era muito diferente da avaliação interna da aflição feita pelo paciente. É bem verdade, foi um membro da equipe em nível 9 que mais tarde deu início a uma pequena discussão a respeito de uma questão com outro membro do quadro de pessoal. Aquilo que eu falhei em detectar da interação pessoal, a USA foi capaz de revelar.

---

* SUD - *Subjective unit of distress*. (N. ed. bras.)

COMO USAR A *USA*

Quando um paciente já está aflito no início de uma seção de processamento de autopercepção, o facilitador deve perguntar: "Numa escala de 0 a 10, onde o 0 é relaxamento completo e o 10 é aflição completa, como você se avaliaria neste momento?" Quando o paciente está realmente aflito, espere um mínimo de 5 na resposta.

Se o paciente estiver aflito no início, o facilitador deve então pedir a *USA* somente após o paciente ter lembrado uma pessoa que o deixou zangado ou chateado.

Após o processamento, quando o paciente já tiver atingido um estado de relaxamento, o facilitador deve novamente pedir a *USA*; geralmente, a resposta será de 0 a 2. Se for 2, significa que o paciente ainda sente um pequeno desconforto. O facilitador deve então perguntar onde a dor está sendo sentida, e se necessário, continuar a processá-lo.

O facilitador deve pedir a *USA* várias vezes durante a sessão de processamento, sempre que sentir que a informação será útil.

13

Exemplos de Sessões de Processamento

Para melhor compreensão do procedimento para o exame cuidadoso (*scanning*) e o processamento emocional, eu incluí abaixo exemplos de duas sessões. Por favor observe que as palavras usadas durante o processamento são cuidadosamente escolhidas para evitar sugestões, exceto em dois aspectos:

1. Lembrar a pessoa para respirar profundamente;
2. Perguntar à pessoa onde ela sente as sensações durante os ciclos de inspiração e expiração.

Afora isso, o facilitador deve apenas fazer perguntas do tipo "o que".

EXAME CUIDADOSO (*Scanning*, no orig. inglês)

A maioria das sessões de exame cuidadoso envolve languidez ou dores menores, tal como dor no ombro. Em alguns casos, porém, toca em questões emocionais. O caso abaixo é um exemplo de uma sessão de exame cuidadoso que envolveu questões emocionais. Não houve discussão a respeito de quaisquer problemas pessoais antes da sessão. Nem o paciente discutiu o assunto posteriormente, exceto pelo que é mencionado ao final da sessão. O tempo entre as pausas é apenas aproximado, uma vez que a sessão foi registrada de memória ao final, em vez de ter sido transcrita ou gravada.

As notas na página seguinte à direita são comentários sobre o processo.

O Processo	Comentários
FACILITADOR (F) F: Sente-se confortavelmente, com as palmas das mãos sobre o colo e os pés no chão. Inspire profundamente a partir do abdômen pelo menos cinco vezes com os olhos fechados. (*Pausa de 60 segundos*). F: Agora, enquanto continua respirando a partir do abdômen, examine seu corpo e cheque se sente alguma tensão ou desconforto. Sente alguma coisa no topo e na parte de trás da cabeça? (*Pausa de 10-20 segundos*). PACIENTE (P) P: (*Sacode a cabeça negativamente*). Não. F: E a testa e os olhos? (*Pausa de 10 segundos*). P: (Levanta a mão e toca a parte central do peito). F: Sente alguma coisa no peito? P: (*Lentamente sacode a cabeça afirmativamente*). F: O que sente no peito? P: Dor . . . F: Qual a extensão? P: Como uma bola . . . F: É dura ou macia? P: Dura.	 *Parte inferior do osso do peito ou esterno.*

F: Enquanto inspira profundamente, sinta esta dor no peito, e enquanto expira, sinta os lados do peito incluindo os braços e as mãos. (*Pausa durante alguns segundos*). Não lute contra a dor. Apenas a experiencie plenamente. Não tente mudá-la. Apenas fique plenamente perceptivo da dor. (*Pausa*).

P: (Franze o cenho um pouco e pressiona os lábios firmemente).

F: Se o seu corpo precisa chorar, não tem problema.

P: (As lágrimas começam a cair. Os lábios começam a relaxar depois de mais ou menos 30 segundos.)

F: O que sente agora?

P: (*Lentamente sacode a cabeça de modo afirmativo*). Sinto-me melhor agora, mas tenho dor na cabeça.

F: Em que lugar da cabeça?

P: (Toca o lado esquerdo da parte posterior da cabeça). Aqui . . .

F: Enquanto inspira, sinta a dor nessa área. Enquanto expira, sinta a nuca, incluindo os ombros e as costas. (*Pausa de um minuto*).

P: A dor diminuiu. Sinto novamente uma dor no peito (Coloca to-

A energia tende a fluir em direção aos braços; daí essa sugestão.

Indica que está retendo as emoções.

Dizer isso ajuda, porque muitas pessoas têm vergonha de chorar.

Em torno da área onde o parietal e o occipital se encontram.

Mais uma vez, seguindo a direção do fluxo de energia.

Exemplos de Sessões de Processamento | 115

dos os dedos do lado esquerdo do peito, a 5 cm do esterno).
F: É uma área grande? Ou uma área pequena?
P: Pequena, como alguma coisa perfurando.
F: Enquanto inspira, sinta esta dor. Enquanto expira, sinta o lado esquerdo do peito incluindo braços e mãos.
P: (*Após cerca de um minuto*). A minha garganta... como se algo a estivesse bloqueando...
F: Que parte da garganta?
P: (Toca a área do pomo de Adão e da clavícula).
F: Enquanto inspira, sinta a constrição nesta área. Enquanto expira, sinta as áreas ao redor da garganta, incluindo a área da boca. (*Pausa*).
P: Está dormente (Tocando a região do maxilar).
F: Sinta a dormência enquanto inspira. (*Pausa*).
F: (*Depois de um minuto*). O que sente agora?
P: (*Assentindo com a cabeça*) A dormência é menor... o bloqueio na minha garganta ainda está lá, mas é menor...
F: Continue com a respiração profunda, sinta sua garganta enquanto inspira e sinta sua boca enquanto expira. (*Pausa*).
F: (*Depois de um minuto*) O que

você sente agora?
P: Sinto-me bem agora. Minha garganta está bem.
F: Nenhum bloqueio mais?
P: Não.
F: E a boca?
P: Também não. Não está mais dormente.
F: E o peito?
P: (*Depois de cerca de 20 segundos*). Tudo bem. Está bem.
F: Não sente mais languidez?
P: Não.
F: E a cabeça?
P: Está bem. Nenhuma dor.
F: Pode fazer agora uma checagem de todo o corpo para ver se ainda há alguma parte que esteja tensa ou desconfortável? (*Pausa*).
P: (*Depois de 30 segundos*). Sim, sinto-me relaxada.
F: Completamente relaxada?

É importante checar visualmente se o paciente está realmente relaxado. Observe se o corpo está afrouxado, descansado ou ainda rígido.

F: Sente-se cansada?
P: Sim.
F: É normal sentir-se cansado após o processamento. Você agora pode abrir os olhos.

Após a sessão, a única coisa que a paciente mencionou foi que teve vontade de gritar quando sentiu o bloqueio na garganta. Ela não falou mais sobre a causa ou a circunstância.

Exemplos de Sessões de Processamento

Neste caso, embora o objetivo tenha sido simplesmente examinar e liberar as congestões no corpo, ela estava verdadeiramente processando uma questão emocional, muito embora não estivesse perceptiva da conexão com nenhuma lembrança ou experiência.

PROCESSANDO UMA QUESTÃO EMOCIONAL

O que vem a seguir é uma narrativa abreviada de uma sessão de processamento muito mais longa e que levou cerca de uma hora e quinze minutos. Foi induzida por um surto de emoção que a paciente sentiu enquanto estava passando pelo exame cuidadoso. Ela sentiu amargura e ressentimento com relação a uma pessoa que pensava ter esquecido há muito tempo, porque a outra pessoa envolvida já tinha morrido.

FACILITADOR (F)
F: Faça a respiração abdominal cinco vezes. (Pausa até que os cinco ciclos de respiração sejam completados)
F: Agora gostaria de lhe pedir para pensar numa pessoa ou incidente que a magoou, a aborreceu ou a deixou chateada. Respire profundamente enquanto faz isso, e me diga o que sente no corpo. (Pausa e espera).

PACIENTE (P)
P: (Ela começou a soluçar pesadamente, e as lágrimas escorriam pelo rosto. Ela parecia estar retendo a respiração após cada inspiração).
F: O que você sente agora?
P: (Tocando a garganta e o peito).

Tanto quanto possível, comece a partir de um estado de relaxamento.

O facilitador manteve-se em silêncio por cerca de um minuto.

118 | O Processo de Autotransformação

O meu peito está pesado, e há um pequeno objeto na minha garganta, como uma bola.
F: Enquanto inspira, sinta o peso no peito e a bola na garganta. Enquanto expira, sinta a área ao redor incluindo braços e mãos, e também a boca e o maxilar. (*Pausa*).
F: (Depois de um minuto) O que sente agora?
P: Sinto um peso no peito (*Tocando o peito*).
F: Sinta o peso no peito enquanto respira. (*Pausa*)
F: (*Após cerca de 2 minutos*). O que sente agora?
P: Não há mais peso no meu peito, mas há uma dor por trás do meu ombro. Eu também sinto tensão nas coxas.
F: Sinta a dor do lado direito do ombro enquanto inspira, e depois quando expirar, sinta as pernas e os pés.
P: (*Ela fez o procedimento só e em silêncio por alguns minutos*).
F: O que sente agora?
P: Passou.
F: E o ombro?
P: Não há mais nenhuma dor.
F: E as pernas?
P: Tudo bem agora.
F: Pode fazer uma checagem para ver se ainda há alguma tensão em alguma parte?

P: (*Depois de cerca de 30 segundos*). Sinto-me relaxada agora.
F: Eu gostaria agora de lhe pedir para pensar na mesma pessoa ou no incidente novamente e me dizer o que sente.

Esse é o segundo ciclo da mesma questão.

P: (*Tocando as têmporas*). Há dor aqui . . .
F: Enquanto inspira, sinta a dor nas têmporas. Enquanto expira, sinta a nuca, os ombros e as costas.
P: (*Ela fez o processamento durante alguns minutos novamente em silêncio*).
P: Agora passou. Não há mais dor alguma.
F: Pode checar mais uma vez para ver se ainda há alguma tensão em alguma parte?
P: Sinto-me relaxada agora.
F: Eu agora gostaria de lhe pedir para pensar na mesma pessoa novamente e me dizer o que sente.

Esse é o terceiro ciclo da mesma questão.

P: (*Depois de cerca de dois ciclos de respiração*). A minha cabeça está pesada, e há tensão na minha garganta.
F: Então sinta o peso na cabeça enquanto inspira, e também a tensão na garganta, e enquanto expira sinta o corpo, os braços e também a boca.
P: (*Ela fez o processamento durante alguns minutos novamen-*

te). Tudo bem agora, o peso e a pressão se foram.
F: Pode checar novamente para ver se ainda há desconforto em alguma parte do corpo?
P: *(Depois de uma pausa).* Sinto-me relaxada.
F: Pense mais uma vez na mesma pessoa e no incidente e me diga o que sente.

Esse é o quarto ciclo da mesma questão.

P: *(Depois de alguns momentos, ela lentamente sacode a cabeça de maneira negativa).* Não sinto mais nada.
F: Cheque para ver se está completamente relaxada.
P: Sim, estou completamente relaxada.
F: Sente-se cansada? Gostaria de continuar?
P: Sim, posso continuar.
F: Agora, gostaria que você pensasse a respeito de um outro incidente ligado a essa pessoa e me diga o que sente.

Esse é o primeiro ciclo do segundo incidente.

P: *(Depois de uma pausa).* Sinto um peso aqui *(apontando para a área do coração do lado esquerdo do esterno).*
F: Sinta este peso enquanto inspira, e sinta o lado do peito e os braços enquanto expira.
P: *(Calada durante alguns minutos).*
F: O que sente agora?
P: Sinto-me bem agora no peito, mas sinto peso na cabeça.

Exemplos de Sessões de Processamento | 121

F: Continue e sinta o peso na cabeça como fez anteriormente enquanto inspira e expira.
P: (*Depois de alguns minutos*). Sinto-me bem agora; não há mais peso.
F: Pode pensar novamente no mesmo incidente e me dizer o que sente?

Esse é o segundo ciclo do segundo incidente.

P: (*Calada durante alguns momentos*). Sinto novamente um peso na cabeça.
F: Então continue e sinta-o enquanto inspira e expira.
P: (*Depois de alguns minutos*). Agora se foi. Não há mais nenhum peso.
F: Pode pensar no incidente novamente?

Esse é o terceiro ciclo do segundo incidente.

P: (*Após alguns instantes, ela sacode a cabeça lentamente de modo afirmativo*). Não, não sinto mais nada. Sinto-me relaxada.
F: Você pode pensar em outro incidente ligado a essa mesma pessoa?

Esse é o terceiro incidente a ser processado.

P: (*O seu rosto mudou e ela começou a soluçar amargamente. O facilitador nada perguntou durante um minuto ou coisa assim enquanto ela chorava*).
F: Inspire e expire profundamente mais uma vez e sinta plenamente qualquer que seja a sensação que possa estar tendo no corpo.

P: (*Ela fez a respiração e permaneceu silenciosa durante algum tempo*).
F: O que sente agora?
P: Sinto-me bem agora. Não há mais peso no meu peito.
F: Pode pensar novamente nesse terceiro incidente e me dizer o que sente?
P: (*Silenciosa durante alguns momentos*). Sinto-me bem, não sinto nada a respeito do incidente agora. Sinto-me relaxada.
F: Eu gostaria de lhe pedir para abrir os olhos agora e pensar na pessoa nestes incidentes e me dizer o que sente a respeito dela.
P: (*Após alguns minutos de silêncio*). Eu estou em paz com ela agora. Pensava que já tinha superado esta dor, porque li um livro a respeito do perdão e já a havia perdoado. Agora compreendo que ainda tinha esta dor profunda dentro de mim.

Esse é o segundo ciclo do terceiro incidente.

As questões emocionais podem ser supérfluas ou muito profundas. A extensão e a variedade podem ser extremamente amplas. A experiência é o melhor instrutor quando se trata de compreender como lidar com situações diferentes. Em tempo, aprendemos como lidar com a maioria das circunstâncias no momento em que elas ocorrem. Logo estas habilidades tornam-se quase como uma segunda natureza para nós.

14

Lidando com o Medo

O medo é basicamente uma reação psicológica a uma ameaça. Os seus sintomas são tensão, fraqueza, vazio no estômago, tremor, entre outros. Quando uma ameaça não produz estes sintomas, a pessoa ou é indiferente à ameaça ou pode estar preocupada, mas não temerosa.

A linha que separa a simples *preocupação* do *medo* pode ser difícil de traçar ou pode diferir de pessoa para pessoa. A preocupação é essencialmente um *impulso compassivo* que busca aliviar ou evitar a dor e o sofrimento em outras pessoas. Surge do triângulo superior. Não é autocentrada. O medo, por outro lado, é uma *reação autoprotetora* que é acompanhada de *aflição pessoal*. A preocupação não produz infelicidade pessoal, mas o medo sim.

Um outro fator que distingue o medo da preocupação é a extensão à qual tal reação (tal como a tensão) pode distorcer o julgamento ou a razoabilidade da resposta à ameaça. O medo geralmente distorce nossa percepção de uma situação, já em relação à preocupação somos mais objetivos.

Podemos saber que existe algum risco em andar de avião, mas andamos de qualquer maneira, e durante todo o voo sentimo-nos relaxados, distraídos, e dormimos com facilidade. Mesmo quando a turbulência sacode todo o avião, ainda sentimos calma e podemos fazer piadas a respeito. Estamos, certamente, preocupados com a nossa segurança, mas não há medo.

Contrastemos isso com pessoas que conhecem o mesmo risco a respeito do avião, mas que congelam todo o tempo em que estão num avião. Dias antes do voo, elas podem sentir um frio no estômago ou tensão nos ombros só em pensar a respeito do voo que se aproxima. Elas estão preocupadas com sua segurança, da mesma maneira que as outras pessoas, mas além disso há uma reação de medo. É esse medo que deve ser trabalhado. Um medo assim

- distorce a percepção da realidade externa;
- afeta a firmeza do julgamento;
- causa infelicidade;
- reforça a autoproteção do ego que tenderá a obstruir o despertar espiritual.

A INTENSIDADE DO MEDO

O modo como lidamos com o medo depende de dois aspectos:

1. a intensidade do medo;
2. a nossa força de vontade interior.

Medo Brando. Quando o medo é desprezível ou brando, podemos ser facilmente capazes de superar um obstáculo, a não ser que nossa vontade seja tão fraca que não façamos qualquer esforço para superá-lo. Neste caso, precisamos fortalecer a nossa vontade.

Medo Intenso. Nos casos onde o medo é intenso, devemos então trabalhar na neutralização da reação automática ao medo. Uma reação tão intensa é um obstáculo genuíno à ação sábia e eficaz. A reação de medo é basicamente irracional, e pode facilmente dominar novas tendências comportamentais. Para esse nível de medo, o processamento da autopercepção talvez seja a maneira mais eficaz de fazer com que o medo desapareça completamente.

A IRRACIONALIDADE DO MEDO

Os medos produzem reações que desafiam a razão. Estela, por exemplo, tinha tanto medo de aranhas que não podia sequer olhar para o retrato de uma aranha. Sempre que a letra A era mencionada, ela reagia com medo porque se lembrava que a palavra *aranha* começa com a letra A. O bom senso nos diz que é óbvio que uma fotografia não é nociva, muito menos a letra A. Mas o sistema físico-emocional é condicionado de uma outra maneira.

Jenny é uma excelente profissional que já ganhou prêmios por seu trabalho. Mas ela tinha medo de cobras. Quando era jovem, não conseguia escrever palavras com a letra C porque lembrava sempre de uma cobra. Quando tinha que escrever uma palavra que continha C, ela escrevia primeiramente todas as outras letras e pedia à sua irmã para escrever a letra C. Quando sua família saía para jantar e seu pai pedia macarrão, ela não comia porque eles se pareciam com cobras. Com medo de que seu pai pudesse ficar ofendido se ela não comesse, ela deixava que ele colocasse o macarrão no seu prato, mas imediatamente o transferia para o prato da irmã quando o pai não estava olhando.

Alguns leitores podem achar isso engraçado, mas, para essas pessoas, esses medos são sérios. Os medos podem afetar decisões importantes na vida, tais como escolher a profissão (alguém que tenha medo de sangue jamais irá tornar-se médico), ou rejeitar oportunidades capazes de mudar uma vida (tais como recusar uma bolsa de estudos no exterior por medo de andar de avião). O medo pode nos tornar perigosamente ineficazes (como uma senhora que ficou paralisada durante um incêndio, em vez de sair correndo do prédio ou ajudar outras pessoas).

É essencial que nos livremos de todas as formas de medo. Este estado de intrepidez é diferente de coragem. A coragem é necessária somente quando temos medo. Quando não há medo, não há necessidade de coragem.

As pessoas que não têm medo não são necessariamente imprudentes. Elas podem ser ainda altamente prudentes e cuidadosas, e perceptivas dos riscos envolvidos. A pessoa pode não ter medo de altura, mas isso não quer dizer que ela vá ficar descuidadamente de pé na borda de um edifício alto.

Durante os seminários, eu geralmente faço essa pergunta: E o medo do Senhor? Devemos também nos livrar desse medo? A Bíblia não diz que "O temor a Deus é o início da sabedoria?"

A palavra original em hebreu para medo é *yare*, que pode significar medo, mas significa também respeito ou reverência. A tradici-

Lidando com o Medo | 127

onal tradução do Rei Tiago (King James Version) usa "medo", que não é apropriado. Deveria ter sido reverência. Existe uma diferença enorme entre medo e reverência.

Sempre evitamos aquilo de que temos medo. Se tenho medo de aranhas, eu as evito. Se tenho medo do meu pai, eu o evito. Se tenho medo do Senhor, irei em direção a Ele? Certamente que não. Mas, quando reverenciamos ou respeitamos alguém, não sentimos medo dessa pessoa. Somos cuidadosos para não desagradá-la, mas não temos medo dela. Por isso a tradução apropriada daquele verso deveria ter sido "A reverência ao Senhor é o começo da sabedoria".

Mas o medo não para com o esquivar-se. Eu acho que foi Aristóteles que disse que "Você irá eventualmente odiar aquilo de que tem medo". As pessoas que têm medo de baratas têm a tendência automática de matá-las. Esta é a provável raiz de muitos tipos de violência social que observamos em nosso meio.

TIPOS DE MEDO

Os medos podem ser assim classificados:

- Medos físicos
- Medos sociais
- Medo do desconhecido

Medos Físicos. Os medos físicos são o medo de objetos ou ambientes identificáveis, tais como cobras, baratas, raios, cadáveres, caixões, altura, águas profundas, etc. Eles geralmente têm origem em experiências desagradáveis ou traumáticas do passado. A energia congestionada e acumulada não flui normalmente, e por isso traz à tona uma reação fisiológica desagradável sempre que vemos ou lembramos o objeto de medo.

Medos Sociais. Os medos sociais estão ligados às pessoas. Como mencionei antes, o maior medo dos seres humanos é o medo da rejeição, que inclui ser humilhado e criticado e ser o assunto na boca dos outros. O medo de falar em público também pertence a essa categoria. E é assim também com o medo do fracasso. Observe que o medo do fracasso é um medo social – o medo do que as pessoas irão dizer se você não passar em um concurso, se não alcançar a meta de venda, ou se for malsucedido nos negócios. Sabe-se de indivíduos que cometeram suicídio quando enfrentaram uma humilhação. Para eles, a morte é uma alternativa menos dolorosa do que a desgraça.

Ter medo de outras pessoas é uma reação desagradável que pode ter tido origem em antigos sentimentos angustiosos quando éramos reprimidos, criticados, humilhados ou quando riam de nós. Este tipo de medo, então, tem raízes nas energias congeladas que continuamos a carregar. Essas energias são precipitadas quando a possibilidade de ser novamente humilhado é subconscientemente sentida e faz despertar a reação de medo. A maneira de lidar com o medo das pessoas, portanto, é processar a energia congelada ligada ao medo, e permitir-lhe fluir.

Medo do Desconhecido. O medo do desconhecido inclui o medo da morte, de fantasmas, e do inferno. Esses medos são mais complexos, porque são uma mistura de crenças, energias congeladas e falta de preparo. Podemos incluir nesta categoria o medo da perda de coisas ou de pessoas.

Tomemos o medo da morte como exemplo. O medo da morte pode ser devido ao medo da dor da morte, ao medo da aniquilação, ao medo de ir para o inferno, ao medo da separação das pessoas amadas, ou a uma combinação dessas coisas. É algo mais complexo do que o medo dos objetos ou das pessoas. Esse tipo de medo pode ser devido à/ao(s):

- **Ignorância.** As pessoas temem que a morte signifique o fim de tudo. A melhor maneira de vencer este medo é descobrir o que você sabe a respeito da morte a partir de uma pesquisa. Que existe vida após a morte é quase certamente um fato. Existe tanta evidência para isso que precisamos apenas investigar a pesquisa documentada sobre experiências de quase-morte, reencarnação e psiquismo para ficarmos convencidos deste fato.

Um outro aspecto desse medo é a crença errônea de que a morte é dolorosa. A partir da pesquisa feita por tanatologistas (aqueles que estudam a morte), descobriu-se que o processo de morrer não é doloroso. Aliás, a serenidade é frequentemente observada entre as pessoas que passam pela transição da morte. Se é que há dor ou sofrimento, não vem do próprio fato de morrer, mas de qualquer que seja a doença de que a pessoa esteja sofrendo. Estudos sobre experiências de quase-morte mostram que, na realidade, a morte liberta a pessoa do sofrimento.
- **Despreparo**. Uma outra fonte de medo da morte é o despreparo. O que acontecerá quando inesperadamente enfrentarmos um acidente e a morte? Estamos deixando para trás uma montanha de dores de cabeça para nossa família? Eles sabem a respeito do nosso endividamento, nossas contas bancárias, etc.? As pessoas geralmente não pensam a respeito dessas coisas porque temem o pensamento da morte. Mas quanto menos preparadas estiverem para essas coisas, tanto mais medo da morte terão. Por isso, é aconselhável que organizemos os nossos negócios e documentos agora, porque se alguma coisa nos acontecer, teremos deixado instruções com alguém que será capaz de cuidar eficientemente dos assuntos que precisam de atenção.
- **Relacionamentos Incompletos**. Uma terceira fonte de medo da morte é aquilo que chamamos de relacionamentos incompletos. Temos medo de nos separar das pessoas quando nossos relacionamentos são insatisfatórios ou incompletos. Quando não expressamos nosso carinho e afeição para com aqueles a quem amamos, é duro separar-nos deles. Quando não dispensamos tempo suficiente e atenção aos nossos parentes idosos, temernos o pensamento de que possam morrer. Se for este o caso, devemos então dispensar tempo e cuidado àqueles a quem amamos. Esse amor deve ser expressado de alguma maneira – não necessariamente de

modo verbal. Pode ser uma visita regular. Pode ser uma conversa longa e agradável. Pode ser através de presentes atenciosos ou de uma carta.
- **Trauma ou Fobia.** Podemos ter trauma ou fobia com relação à morte, que é uma reação condicionada ao pensamento da morte devido a alguma experiência desagradável no passado. Isso pode ser resolvido com o processamento da autopercepção.

O PROCESSAMENTO DO MEDO

A maioria dos medos deve-se à precipitação da energia congestionada no interior do nosso sistema psicofisiológico, resultando num sentimento desagradável que queremos evitar. Permitir que esta energia flua até à normalidade fará com que desapareça a reação de medo.

O processamento dos medos, no entanto, é essencialmente a mesma coisa que o processamento das emoções. Porém, o procedimento difere um pouco. Tomemos como exemplo o processamento do medo de falar em público.

- Às pessoas que temem falar em público pergunta-se primeiramente se desejam superar o medo através do processo de autopercepção. Elas serão avisadas de que, em qualquer estágio, estarão livres para descontinuar, e que nada será feito sem o seu prévio consentimento.
- Se concordarem, solicita-se que imaginem alguém lhes pedindo para falar para um auditório no dia seguinte. Aqueles que têm fobia de falar em público já irão reagir fisiologicamente a este pensamento *imaginário* de que *possivelmente* terão que falar. Pode ser aumento do batimento cardíaco, tensão nos braços e nas pernas, endurecimento do plexo solar ou fraqueza nos joelhos.
- Quando tais reações são relatadas pela pessoa, o facilitador pede-lhe para inspirar profundamente e ficar perceptiva de desconforto, languidez ou dormência, etc. Essas coisas irão

eventualmente ceder, e a pessoa entrará no estado de relaxamento.
- Após se certificar de que a pessoa ficou relaxada e calma, o facilitador pede ao paciente para imaginar que está defrontando-se com um pequeno grupo. Pergunta-lhe se sente alguma coisa no corpo, especialmente nas partes do corpo que previamente tiveram sensações durante o primeiro processamento. Se ainda tiver alguma sensação, o facilitador pedirá ao paciente para passar pelo processamento de autopercepção novamente até que todo o corpo volte ao pleno relaxamento.
- Então o facilitador pede ao paciente para se imaginar defrontando um auditório maior. É provável que o desconforto seja sentido mais uma vez. O facilitador fará os mesmos procedimentos do processamento até que o paciente atinja o relaxamento.
- Observe que os cenários imaginados durante o processamento passam por estágios graduados – de situações pouco ameaçadoras a cenários mais ameaçadores.
- Quando o paciente sente-se relaxado imaginando que se defronta com um auditório, o facilitador pede-lhe para que fique de pé na parte da frente do aposento (qualquer aposento vazio) e imagine estar sobre o palco defrontando um auditório maior.
- Se o paciente sente-se relaxado fazendo isso, então encoraje-o agora a tentar ficar de pé em frente ao grupo real e dizer alguma coisa a respeito de si próprio.

Quando esses passos tiverem sido dados de maneira apropriada, o paciente estará livre da fobia de falar em público. (Isso não quer dizer que ele não mais ficará nervoso quando falar. Nervosismo é diferente de fobia).

O procedimento é essencialmente semelhante para todos os tipos de medos que envolvam reação angustiosa involuntária a um objeto ou coisa imaginada. Vejamos outros exemplos:

Medo do Escuro. O facilitador pede ao paciente para imaginar-se no escuro, e então o ajuda a processar. Depois, o facilitador acompanha o paciente a um aposento e pede permissão para desligar a luz; então processa novamente qualquer desconforto. Após o relaxamento, o facilitador pede permissão para sair, diz ao paciente para se processar se sentir algum desconforto e sai quando o paciente estiver plenamente relaxado. **Medo de Altura**. Primeiramente o facilitador pede ao paciente para se imaginar no topo de um edifício alto; e para processar qualquer desconforto. O facilitador então o acompanha até um local alto, *porém seguro*, onde podem olhar para baixo: do alto para o chão. O facilitador então orienta o paciente para processar a reação até que o relaxamento seja atingido. Depois eles tentam outros locais.

Os procedimentos acima podem ser adaptados para outros tipos de medo. Um princípio básico é: *Quando o sistema psicofisiológico estiver em um estado de relaxamento e estivermos face a face com aquilo que tememos (i.e., o objeto, a imagem ou a lembrança), não há medo*. É a reação corporal angustiosa que constitui a experiência de medo. A compreensão conceitual da presença de uma ameaça ou perigo não constitui, em si mesma, o medo.

AS CAMADAS MAIS PROFUNDAS DA EXPERIÊNCIA DO MEDO

O medo de objetos ou de pessoas é a manifestação mais tangível ou externa do medo. Porém existem tipos mais sutis de medo que são menos observáveis, mas que operam da mesma maneira que os medos externos. Esses tipos sutis surgem sob a forma de hesitação, evitação e aversão. Detectar essas coisas requer um nível abrangente e profundo de percepção.

Por exemplo, quando alguém vem em minha direção, eu posso consciente ou inconscientemente evitá-la dirigindo-me ao banheiro. Não estou experienciando qualquer medo palpável, e, todavia, estou evitando essa pessoa, o que é um sintoma de medo.

Quando alguém discorda da minha crença ou opinião, eu posso começar a não gostar dessa pessoa ou até mesmo a reagir com justa indignação. Tais reações podem ser o sinal de que eu percebo a pessoa como uma ameaça.

A percepção dessas reações sutis pode levar à libertação de tais padrões subconscientes automáticos. Isso envolve um processamento em nível muito mais sutil de experimentação. É preciso a profundidade da mente meditativa – uma mente que esteja cônscia das diferentes camadas das reações-pensamento.

15

Estudo de Casos

A experiência é o melhor instrutor quando se trata do processamento de autopercepção. À medida que os facilitadores processam cada vez mais pessoas, eles se tornam mais sensíveis ao que está acontecendo à pessoa enquanto ela está passando por experiências internas. Tal sensibilidade orienta o facilitador a fazer perguntas úteis que tornarão o processo mais eficaz.

A seguir apresentamos pequenos resumos de casos reais que ilustram os diferentes tipos de problemas de personalidade, ou conflitos internos, que são auxiliados pelo processamento de autopercepção. Sempre que necessário, as circunstâncias foram modificadas para respeitar a privacidade das pessoas envolvidas.

ESTRESSE E NEUROSE

Willy era um profissional bem-sucedido que nos últimos anos tinha desenvolvido fobias. Ele não podia mais sair sem um acompanhante. Ele costumava ir de carro em longas viagens para fora da cidade que duravam dias, mas agora ele tem medo de dirigir sozinho. Ele tinha que tomar pílulas para o coração diariamente, porque tinha palpitações e pressão alta. Começou a tomar pílulas para dormir porque não conseguia dormir com facilidade. Ele tinha consultado vários médicos que lhe disseram que não conseguiam detectar nada de errado com seu coração ou com o nível de colesterol.

Então, ele passou pelo processamento de autopercepção três vezes, com intervalos de uma semana entre cada sessão. Na primeira rodada, que durou menos de uma hora, ele sentiu pressão no peito e vontade de chorar. O facilitador lhe disse que estava tudo bem em chorar, e ele começou a soluçar descontroladamente enquanto seu corpo subia e descia convulsivamente. Ele sentia dor na cabeça, que era aliviada pelas extremidades. Seus braços e mãos ficavam dormentes. Depois que a energia fluiu, ele ficou calmo e disse que se sentia cansado.

Quando voltou na semana seguinte, disse que não mais precisava de pílulas para dormir, e que já conseguia sair sozinho. Quando passou pelo processamento de autopercepção pela segunda vez, muito menos energia foi liberada.

Após a terceira sessão, ele contava feliz a qualquer um que quisesse ouvir o que estava acontecendo com ele. Ele tinha parado de tomar todas as pílulas porque não tinha mais pressão alta. Podia dirigir e não mais precisava de acompanhante. Os medos que o perturbavam tinham desaparecido completamente. Dormia tão bem que agora ia cedo para a cama. Deu início também a um vigoroso regime de exercícios físicos.

RELACIONAMENTOS FAMILIARES

Elza estava desesperada com relação aos seus problemas domésticos que envolviam constantes discussões com o marido e extremo ressentimento com relação à tia, que morava com eles.

Enquanto estava passando pelo processo de autopercepção, pediram-lhe para pensar na tia. Ela começou a chorar e sentiu pressão na cabeça e em todo o lado esquerdo do corpo. Ela passou por dois ciclos de exercícios de autopercepção.

Depois de quatro dias, ela voltou e disse que tivera uma mudança drástica nos sentimentos em casa. Ela conseguia agora conversar com a tia, e não mais reagia de maneira aborrecida com o marido. Parecia muito entusiasmada e feliz e partilhava suas experiências com os membros de um grupo regular que ele estava frequentando.

DOR E ESTRESSE CRÔNICOS

Edwina tinha dores crônicas nas costas e no ombro todo dia. Às vezes ela não conseguia levantar-se da cama, e tinha que pedir a alguém para ajudá-la a se levantar para poder ficar de pé. O seu médico pensava que era escoliose. No trabalho, ela se sentia muito estressada e pressionada. O seu alto nível de tensão tinha começado a influenciar a sua eficácia no trabalho.

Quando passou pelo processamento de autopercepção com respiração abdominal profunda, ela começou com um simples exame cuidadoso do corpo. Ela sentia dor na cabeça e na nuca. A parte mais dolorida era uma pequena bola do tamanho de um polegar no ombro direito, conectada à parte inferior do crânio, e às costas. Quando sentiu essa dor pela primeira vez, ela fez uma careta de dor. Tiveram que lhe assegurar que estava tudo bem em sentir a dor, porque ela estava tentando resistir à dor. Após um ciclo de processamento de autopercepção, a dor cedeu. No segundo ciclo, a bola era menos dolorosa. Nos ciclos posteriores, a bola não mais apareceu, mas a pressão espalhou-se para o outro ombro.

Após passar por mais de oito ciclos de processamento para preocupações, medos e ressentimentos específicos, ela entrou em um estado de relaxamento no qual se sentia sonolenta e cansada. Quando estava descansando e deixando que o sono chegasse, ela disse que começava a sentir uma forte pressão na têmpora pressionando para dentro até o centro da testa. Depois a energia seguia para a área esquerda do seio com calor intenso. A energia seguia diagonalmente para o lado de dentro do seio e depois era liberada através do mamilo. Isso acontecia muito rapidamente.

Quando novamente encontrou o facilitador depois de cerca de uma semana, ela disse que a dor nas costas que sentia toda manhã tinha desaparecido, e que podia levantar-se da cama com facilidade. Ela agora usa o processo de autopercepção para lidar com as suas tensões diárias, e está muito menos irritável do que antes.

MEDO

Martha era uma profissional proeminente, respeitada por sua habilidade executiva e capacidade de julgamento. Ela tinha uma série de fobias, uma das quais era medo do escuro. Não conseguia dormir com as luzes apagadas. Quando precisava apagar as luzes da sala, ela tinha que primeiramente se preparar, porque o interruptor ficava próximo à porta principal e ela teria que correr até o quarto no momento em que a luz fosse desligada. Ela concordou em processar o medo. Fomos para a sala da casa de uma amiga, e, com quatro de nós fazendo-lhe companhia, lhe dissemos que apagaríamos a luz. Ela foi previamente avisada a respeito do processo, e, quando ficou assustada, pedimos que descrevesse o que estava sentindo no corpo. Ela começou a descrever a tensão no estômago e o tremor nas mãos e nos braços. À medida que respirava a partir do abdômen e sentia essa rigidez e tremor, a sensação física começou a ceder. Gradualmente, ela se tornou totalmente relaxada. Depois, lhe pedimos permissão para que um de nós deixasse o aposento. Ela concordou. Quando a pessoa se levantou e saiu, ela começou a sentir a tensão novamente, mas com menor intensidade. Ela passou pelo processo de autopercepção novamente até que todo seu corpo se acalmou e relaxou. Um a um, lhe pedimos permissão para sair. Na hora que o último estava saindo, ela já se sentia confortável com seu padrão de reação, e concordou em permanecer na sala escura sozinha. Nós lhe dissemos que poderia deixar a sala a qualquer momento que desejasse, mas sugerimos que deixasse a sala somente quando estivesse totalmente relaxada. Ela permaneceu, e quando deixou a sala, o medo do escuro tinha desaparecido.

LEMBRANÇA E CLAREZA DE IMAGEM

Uma lembrança dolorosa ou um ressentimento são geralmente acompanhados de uma imagem nítida e clara da pessoa ou evento que está sendo lembrado. É comum observarmos que, após o processo de autopercepção, quando o ressentimento desaparece, a imagem também se torna indistinta e difícil de lembrar ou de recriar.

Alma era uma executiva dinâmica, altamente inteligente. Ela atingiu todas as metas, mas uma coisa abalava sua vida. Era um amargo ressentimento com relação ao pai, que ainda morava com ela.

Quando deu início ao processo de autopercepção, as imagens dos incidentes dolorosos ligados ao pai eram muito claras e vívidas. Ela começou a ter dores de cabeça e endurecimento na boca do estômago, que ela processava por cerca de 30 minutos. Após a sensação de dormência e formigamento ter cedido, ela tentou lembrar os incidentes ligados ao pai novamente e disse que eles não mais eram claros. O seu ressentimento com relação ao pai também desapareceu.

BLOCOS DE ENERGIA INTERLIGADOS

As energias de um bloco emocional podem estar ligadas às energias de uma outra lembrança emocional de uma natureza diferente. Durante um dos seminários, Lynn quis vencer o medo de falar em público. Uma vez que isso envolvia medo e teríamos que ter uma seção especial, combinamos que iríamos primeiramente tratar de outras formas de aflição emocional, e que iríamos lidar com o medo no dia seguinte.

Lynn passou pelo processo de autopercepção por meio da respiração, e a primeira coisa que lhe ocorreu foi a lembrança de como era maltratada pela tia quando ainda era criança. Ela começou a soluçar e a ter pressões e languidez em várias partes do corpo. Com o facilitador, ela trabalhou sobre isso por cerca de uma hora, até que o ressentimento em relação à tia se tivesse dissipado. Após a sessão, ela sentia piedade e compreensão com relação à tia, em vez de raiva e ódio.

No dia seguinte, no início da sessão de como vencer o medo de falar em público, Lynn disse subitamente que não mais tinha medo de falar em público. Ela sentia que o medo tinha desaparecido juntamente com as energias que fluíram quando estava processando o ressentimento com relação à tia na noite anterior.

TRAUMA

Martha participou do Seminário de Autotransformação, e, quando se pediu a todo mundo para praticar a respiração abdominal profunda, disse que não conseguia fazê-lo. Ela sentia uma coisa pesada em todo o peito que descreveu como um "bloco de concreto". Nós a orientamos quanto ao modo de proceder apesar deste

Estudo de Casos | 139

bloco, e, enquanto fazia o processamento, ela soluçava e tremia. As suas extremidades ficaram dormentes. Depois de mais de 40 minutos, ela entrou em um estado de relaxamento e a pressão no peito desapareceu completamente. Quando perguntamos o que sentia, ela sorriu e disse que se sentia leve e com vontade de dançar.

Viemos a saber que, quatro anos antes, dois membros de sua família tinham morrido devido a acidentes em um intervalo de poucos meses. Ela não conseguia suportar os traumas e, durante dois anos, esteve sob cuidados psiquiátricos. A sua alegria feneceu, e ela não podia pensar nos entes queridos sem chorar ou ficar histérica, às vezes. O seu trabalho foi afetado. Após o processamento, ela conseguia pensar nos dois membros da família, sem sentir-se angustiada.

No dia seguinte ao seminário, discuti a respeito da morte e do medo da morte por cerca de 30 minutos. Após a sessão, Martha dirigiu-se a mim e disse que se sentia pasma em poder calmamente ouvir minha palestra sobre a morte. Antes disso, ela não conseguia ouvir conversas a respeito de morte sem entrar em colapso e chorar. Ela estava convencida de que já estava livre do trauma dos dois acidentes.

DOR

George era um padre que, de início, ficou relutante em participar do exame cuidadoso e do processamento da autopercepção. Ele queria apenas observar e aprender. Quando lhe disseram que ele nada perderia em tentar, ele concordou em tentar.

Durante o exame cuidadoso, um facilitador sentou-se com ele como seu parceiro, e ele foi submetido à percepção de diferentes partes do corpo. Após a sessão, ficamos surpresos quando ele voluntariamente se ofereceu para partilhar na frente de todos o que tinha experienciado.

George disse que durante treze anos tivera uma dor crônica nas costas bem abaixo do ombro direito. Ele tinha consultado médicos e massageado as costas muitas vezes, mas a dor permanecia. Durante a sessão de exame cuidadoso, ele seguiu a instrução quanto a apenas ficar perceptivo da dor enquanto fazia a respiração abdominal. Ficou surpreso quando a dor desapareceu. Virava e torcia o pescoço e o corpo apenas para checar se a dor ainda estava lá, e ele não mais conseguia senti-la. Durante os três dias do seminário, a dor não retornou. Não encontramos George novamente após o seminário, já que ele se mudou para um outro país, mas eu suspeito que a dor foi-se para sempre, a não ser que ele tenha acumulado novos estresses.

A série de aflições que podem ser normalizadas pelo processamento da autopercepção parece ser tão ampla que constantemente descobrimos novas áreas de aplicação à medida que os anos passam. A normalização dos mecanismos condicionados através da liberação da energia bloqueada parece tão básica para a liberação da aflição psicológica que agora a vemos como uma chave importante para a saúde psicológica.

16

Relacionamentos Eficazes

Discutimos a autopercepção, que é uma abordagem eficaz para se atingir o autodomínio e a solução dos conflitos e dores interiores. Existe uma outra grande fonte de aflição emocional que deve ser cuidada se desejamos atingir uma paz interna duradoura. Ela diz respeito aos nossos relacionamentos.

Pode-se dizer que a principal fonte de infelicidade humana são os problemas com relacionamentos. Quando perdemos dinheiro ou um carro, podemos sentir-nos chateados durante um dia ou uma semana, mas logo esquecemos e tocamos a vida. Mas, quando temos relacionamentos problemáticos – especialmente com pessoas que são próximas a nós –, a aflição pode durar dez ou cinquenta anos. Pode afetar o nosso trabalho, nosso relacionamento com as outras pessoas e às vezes o próprio significado de nossas vidas.

Ellen estava tendo dificuldades com o marido, Fred. Ela suspeitava que Fred estava tendo um caso com uma outra mulher, mas Fred negava. Essa suspeita a magoava e enfurecia profundamente. Mas, quanto mais ela falava com Fred sobre isso, mais zangado ele ficava. A questão era como uma cunha que os estava separando cada vez mais. Ellen estava ficando estressada, e isso estava afetando o seu trabalho no escritório. Ela foi chamada à atenção por causa de repetidos erros que cometia no trabalho. Quando chegava em casa, as crianças não compreendiam sua irritabilidade até mesmo devido a pequenas coisas como a falta de um garfo sobre a mesa de jantar. Tinha dificuldade para dormir e havia começado a tomar pílulas. Na sua aflição, ela ocasionalmente pensou em pôr fim à vida. Fred afastava-se de Ellen de maneira perceptível. Ele nem mesmo queria mais sair com ela e as crianças nos finais de semana.

A vida de Ellen não é única. Na maioria dos aspectos, ela representa milhões de pessoas cujas vidas perderam o significado devido a problemas de relacionamento.

Pelo fato de este problema ser tão importante, e porque priva a humanidade de felicidade, o processo de autotransformação deve lidar com esta fonte de aflição e conflito. O que precisamos aprender e desenvolver é uma série de qualidades internas e um conjunto de habilidades externas.

Três fatores contribuem para os relacionamentos saudáveis e eficazes:

1. Autopercepção
2. Audição atenta
3. Positividade harmoniosa

Já discutimos o processo da autopercepção nos capítulos anteriores. Vamos agora trabalhar os outros dois fatores: audição atenta e positividade harmoniosa.

AUDIÇÃO ATENTA

Escutar é um dos ingredientes mais importantes em um relacionamento eficaz e satisfatório. Escutar tem até mesmo um efeito curativo. É a maneira mais simples e mais direta de resolver as dificuldades entre as pessoas.

Durante os Seminários de Autotransformação, pedimos aos participantes para se dividirem em grupos de três. Cada pessoa tem a oportunidade de ser participante, ouvinte e observador. Aos participantes pede-se para falarem aos ouvintes a respeito de experiências significativas ou memoráveis nas suas vidas. Os observadores observam o que está se passando entre os dois. O ouvinte estava realmente ouvindo? O participante foi encorajado a falar ou desencorajado?

Após a sessão, os participantes reúnem-se e então partilham uns com os outros os comportamentos que observaram e que contribuíram para a audição eficaz, e aqueles que obstruíram a audição. O facilitador anota em um quadro sob quatro colunas. A figura 11 é uma lista típica que os participantes geralmente elaboram:

Figura 11

Comportamento Proveitoso que Contribui para uma Audição Eficaz	Efeito sobre o Orador	Comportamento não Proveitoso	Efeito sobre o Orador
Contato olhos-nos-olhos Perguntas que esclareçam Concordar (com a cabeça) Expressão facial apropriada Inclinar-se para frente Afirmar o que é dito Não se deixar distrair por outras coisas	Sente-se encorajado Sente-se importante Sente-se bem Sente-se feliz Sente-se inspirado Sente-se motivado Sente-se aliviado Sente-se amado Respeita o ouvinte Sente-se mais próximo do ouvinte Maior autoconfiança	Olhar para outro lugar Nenhuma reação facial Olhar para o relógio Não há contato olhos nos olhos Fazer outra coisa Impaciência Brincar com o lápis Interromper e contar sua própria história Aconselhar	Sente-se insultado Perde o interesse Sente-se magoado Sente-se sem importância Sente-se ofendido Sente-se depreciado Sente-se zangado Sente vontade de virar as costas

À medida que os participantes leem cada coluna lentamente até o fim, implicações importantes tornam-se óbvias para eles, e provavelmente para você também. Tente juntar suas observações sobre o ouvir de maneira eficaz e ineficaz, e os efeitos sobre você como participante.

Você irá notar que os comportamentos proveitosos de audição são capazes de produzir alegria, alívio, afirmação e felicidade na pessoa que está falando. Os comportamentos não proveitosos, por outro lado, podem produzir ressentimento, infelicidade, baixa autoestima e desencorajamento.

Relacionamentos Eficazes | 145

Pergunte a si mesmo: que tipo de audição está ocorrendo na sua própria casa neste momento? Se for a primeira coluna, então os membros da sua família provavelmente são pessoas felizes. Se for a terceira coluna, então provavelmente são pessoas infelizes, particularmente no relacionamento entre si. E observe que isso está acontecendo todos os dias, 365 dias por ano.

A audição *genuína* possui uma magia que é quase inacreditável. Tony era um jovem muito infeliz e cheio de problemas quando me abordou após o encontro. Ele queria sair de casa porque não suportava mais o pai. O pai estava sempre brigando com ele, e Tony virava as costas e saía de casa sempre que o pai começava a dar broncas. Tony chorou enquanto contava sua situação, porque era difícil para ele decidir ir embora.

Tony concordou em primeiramente processar sua raiva e ressentimento. Ele fez o processamento de autopercepção, e o ressentimento com relação ao pai dissipou-se após cerca de 30 minutos. Depois discutimos a audição genuína. De início, ele ficou atônito que eu sugerisse que ele deveria ouvir seu pai, quando esta era a última coisa que ele queria fazer. No entanto, porque ele já havia processado a raiva com relação ao pai, ele se sentia mais desejoso de tentar a sugestão.

Encontramo-nos depois de duas semanas. Ele me cumprimentou com um grande sorriso, e ria quando me disse o que tinha acontecido quando, pela primeira vez, ouviu seu pai – olhando-o nos olhos em vez de sair batendo a porta, encarando-o em vez de fazer ouvidos moucos, parando o que quer que estivesse fazendo em vez de olhar para alguma outra coisa. Seu pai ficou surpreso com esse comportamento incomum. Ele disse de imediato que sabia que Tony tinha alguma carta escondida na manga e que não iria enganá-lo. Tony apenas sorriu e continuou ouvindo sem discutir, fazendo perguntas esclarecedoras quando necessário. Ele fez isso novamente no dia seguinte, e no outro dia, e no outro. E depois de duas semanas – o seu pai mudou. Ele parou com os sermões, e o resto da família começou a se sentir diferente com relação a ele. Nos meses seguintes, ele se enterneceu e se aproximou mais dos filhos. Tony decidiu que iria ficar em casa em vez de ir embora. O seu pai já não era mais um problema na sua vida. Ele conseguia agora conversar e fazer gracejos com os filhos.

A maneira mais poderosa de lidar com pessoas zangadas é ouvindo-as – não apenas as palavras, mas também os sentimentos e frustrações. Ouvir não significa concordar com elas; significa compreendê-las. Significa carinho para com elas. (É um pouco diferente se a outra pessoa está irada, pois ela não mais está num estado de sanidade. Mas ainda funciona em muitos casos de ira, desde que não haja perigo de violência envolvido).

Ouvir possui um efeito curativo. Pode curar as profundas feridas da alma. O Dr. William Mcgrath escreveu: "Noventa por cento de todas as doenças mentais que chegam até mim poderiam ter sido evitadas, ou curadas, pela simples gentileza". Essa gentileza começa, e pode até mesmo terminar, com o simples ouvir genuíno. O Dr. Elton Mayo escreveu: "Um amigo, uma pessoa que seja verdadeiramente compreensiva, que se preocupa em nos ouvir enquanto consideramos nosso problema, pode mudar toda nossa perspectiva com relação ao mundo".

Os filhos sentem-se amados quando os pais lhes dão ouvidos. Inconscientemente, o seu autovalor é afirmado cada vez que alguém verdadeiramente lhes ouve.

Para muitas famílias os filhos são fato consumado. Os mais velhos os ignoram quando não estão pedindo, ou perguntando a respeito de alguma coisa. Os pais que estão cuidando de alguma papelada, arrumando a casa ou lendo jornal sequer se preocupam em olhar para seus filhos quando estes conversam com eles. Toda vez que isso acontece, o sentimento dos filhos, de que são sem importância, é reforçado.

Eu sugiro que os pais desenvolvam o hábito de interromper o que estão fazendo sempre que a criança se aproximar por algum motivo, a não ser que a tarefa seja algo que realmente não possa ser interrompida (tal como quando se está falando com alguém ao telefone). Este tipo de interação cria autoestima e autoconfiança na criança. Mesmo que os pais não digam: "Eu te amo", a criança sente-se amada.

Quando a tarefa não pode ser interrompida, diga então à criança que você já irá terminar o que está fazendo e que irá conversar com ela depois de, digamos, dez minutos. Depois de dez minutos, não esqueça a promessa. A criança muito provavelmente estará esperando.

Para filhos mais velhos e adolescentes, ouvir os pais produz maravilhas também. Os filhos que verdadeiramente ouvem seus pais acham que eles não têm tendência a ser cabeças-quentes, nem têm vontade de reprimir. Uma das melhores maneiras de lidar com uma mãe ou pai enfurecido é escutando o que eles têm a dizer.

Uma família cujos membros conseguem ouvir uns aos outros é provavelmente uma família feliz. Não que sejam livres de problemas, desventuras ou conflitos, mas a maneira como lidam com esses problemas e conflitos não produz ressentimento e raiva interpessoal.

ASSERTIVIDADE HARMONIOSA

O terceiro elemento para um relacionamento saudável é a comunicação eficaz, que requer assertividade harmoniosa.

Existem três maneiras de responder às pessoas quando encontramos qualquer tipo de conflito: somos *tímidos*, *agressivos* ou *assertivos*.

A timidez evita o conflito, mas nos deixa magoados e oprimidos.

A agressividade não evita o conflito, mas quando o encaramos, usamos palavras ou abordagens que tendem a intensificar ou piorar o conflito.

A assertividade, por outro lado, encara o conflito sem piorar a situação. Isso é conseguido sendo-se cuidadoso para não usar palavras acusatórias que farão com que a outra pessoa fique na defensiva. Descrevemos nossas próprias reações em vez do suposto motivo da outra pessoa. Evita-se o julgamento a respeito do caráter da outra pessoa, a não ser que a situação assim o exija (tal como quando um supervisor está avaliando um subordinado).

(Existe uma quarta maneira – o silêncio maduro – que é uma maneira transcendente de lidar com o conflito sob certas situações. Mas não irei abordá-la neste livro, porque uma pessoa que responda dessa maneira já resolveu o problema dos conflitos na vida, quer sejam intrapessoais ou interpessoais).

A Figura 12 descreve algumas características proeminentes das três abordagens:

Figura 12: Três Modos de Lidar com os Conflitos

Tímido	Agressivo	Assertivo
Você suprime o seu próprio direito Você não fala, nem mente e nem é impropriamente apologético	Você viola os direitos dos outros Você acusa ou julga a outra pessoa, fazendo afirmações que começam com "Você é..."	Você exercita o seu próprio direito Você relata sua reação, sentimento ou opinião sem acusar ou julgar os outros, usando afirmações que começam com "Eu sinto..."
Você suprime seus sentimentos Você tem medo	Você dá vazão à sua raiva; manipula os sentimentos da outra pessoa Você perde o controle	Você expressa seus sentimentos de maneira sincera e honesta Você é calmo e autoperceptivo
Você foge do conflito, mas não o soluciona	Você cria mais problemas e conflitos	Você resolve o conflito com mais eficácia

Nos Seminários de Autotransformação, os participantes são divididos em grupos de cerca de sete a dez pessoas. Cada grupo recebe uma situação, e a dramatiza, cada um desempenhando um papel: a resposta tímida, a agressiva, e a assertiva.

Exemplos de cenários:

- A pessoa está andando em transporte público (ônibus ou táxi) e está muito perturbada pela música alta no interior do

Relacionamentos Eficazes | 149

veículo. Como ela se comporta se for tímida? Ou se for agressiva? Ou assertiva?
- Um homem convida sua namorada para permanecer numa estação balneária durante três dias – apenas os dois. A garota o ama, mas não se sente confortável com a ideia e não quer ir. Se ela for tímida, como ela lida com a situação? Se for agressiva, o que é provável que aconteça? Como pode ser assertiva e dizer não sem ofender o namorado?
- Um grupo de amigos está celebrando um aniversário, quando um outro amigo passa pelo local. O grupo agora pede ao amigo recém-chegado para beber junto com eles "em homenagem ao aniversariante". Mas essa pessoa não bebe álcool e não quer fazê-lo. Como ela lida com a situação se for tímida? Agressiva? Assertiva?

Em cada cenário, é importante que, quando a situação assertiva for representada, a pessoa assertiva não faça uso de mentiras ou falsas escusas, mas que diga a verdade. Como pode ser verdadeira sem ser ofensiva? Por exemplo, no caso da celebração do aniversário, ela não deve dizer que seu médico lhe disse para não beber. No cenário, ela acredita que beber álcool é danoso e não quer participar dessa prática. Como transmitir isso sem ofender os amigos?

A falta de assertividade leva à mentira mesmo nas circunstâncias mais simples. Quando alguém pergunta: "O que você acha do meu penteado?" O que você diz, quando a sua opinião honesta é que parece horrível?

Ao desenvolver a capacidade para a comunicação assertiva, os seguintes pontos devem ser notados:

- Um elemento importante na assertividade é ser capaz de dizer a verdade sem criar uma reação defensiva da parte da outra pessoa.
- Tal reação defensiva é trazida à tona quando a julgamos, quando estamos atacando, criticando ou condenando.
- Uma afirmação assertiva focaliza-se no evento ou ação, e não na pessoa, e descreve nossos próprios sentimentos ou opiniões a respeito.

- Portanto temos que escolher a linguagem, observar que o que é habitual pode geralmente ser agressivo (dizer: "Não, você está errado", em vez de dizer a sua própria opinião alternativa) ou insincero (dizendo: "Não, eu não me incomodo. Está tudo bem", quando na realidade não está tudo bem).

A assertividade é o produto de duas coisas: nosso caráter e a aquisição de habilidades. É um caráter calmo, gentil, justo e autoperceptivo. A habilidade é a capacidade para escolher palavras que sejam verdadeiras, mas não necessariamente prejudiciais nem ofensivas. É preciso prática para adquirir esta habilidade na linguagem. Devemos, portanto, estar constantemente perceptivos das oportunidades para sermos verdadeiros e assertivos.

Além das palavras que usamos, dois outros elementos podem contribuir para a agressividade ou a assertividade: a linguagem corporal e o tom de voz. Quando nos aproximarmos de uma pessoa com as mãos nos quadris, a impressão que a pessoa tem é que já estamos zangados e agressivos antes mesmo de começarmos a falar. Quando falamos com voz alta ou com um tom de voz imperativo, a pessoa com quem falamos pode sentir-se ofendida, ameaçada e ficar na defensiva.

As habilidades da assertividade incluem familiaridade com o que é ofensivo ou não em uma cultura. Vejamos os exemplos abaixo:

- A frase "gente como você" pode ser ofensiva em algumas culturas ou grupos (tal como nas Filipinas), mas não em outros.
- Voz alta pode ser inofensiva em uma cultura, mas ameaçadora em outra. Num país do sul da Ásia, observei trabalhadores sentados lado a lado falando em voz alta como se estivessem brigando. Mas realmente estavam apenas conversando de maneira normal.
- Olhar para a pessoa com quem estamos conversando pode transmitir sinceridade em uma cultura (como nos países do Ocidente), mas pode significar desrespeito em outra (como

em partes do sul da Ásia, particularmente entre jovens do sexo feminino e pessoas mais velhas do sexo masculino).
- Chamar outra pessoa com o indicador apontando para cima pode ser insultante em uma cultura, mas não em outras.

Todas essas coisas são apenas exemplos de fatores culturais que podem fazer a diferença entre uma abordagem agressiva e uma assertiva.

Solicitar de amigos comentários e informações com o objetivo de avaliação é uma maneira útil de entender se o nosso comportamento é agressivo ou não. Isso pode ser feito também em um grupo de crescimento no qual os membros se encontrem regularmente para aprender a respeito de aspectos da vida que podem acelerar a autotransformação.

17

Amor e Carinho

Frequentemente falamos de amor, embora raramente vejamos sua manifestação na vida diária. Amantes, maridos e esposas, pais e filhos – geralmente dizem que se amam, e ainda assim muito do seu comportamento parece não refletir esta afirmação.

O que é o amor? Como é possível distingui-lo da atração, da paixão louca, do desejo ou da dependência? Será o amor romântico um amor genuíno? Será o ciúme um sinal de amor? Punir uma criança fisicamente é sinal de amor?

A cultura moderna popularizou certos significados para a palavra amor, os quais podem frequentemente ser recolhidos de canções modernas:

"Eu te amo – porque preciso de ti".

"Estou perdido de amores; não consigo viver sem ti".

"Seja minha esta noite".

"O que você fez e de onde você vem não importa, desde que você me ame, meu bem".

É óbvio que aquilo que chamamos de amor romântico é muitas vezes caracterizado pela necessidade ou desejo daquele que "ama". Se eu digo: "Eu te amo porque preciso de ti", o que acontecerá quando não mais precisar de ti? Deixo de te amar? Se eu digo: "Eu te amo por que és bela", o que acontecerá quando não fores mais bela?

Esse tipo de amor é dependente de condições. Eu te dou amor se me deres alguma coisa em troca. Se não deres, eu não te amo. Obviamente, isso não é amor. É uma transação comercial.

A NATUREZA DO AMOR GENUÍNO

O que caracteriza uma atitude ou relacionamento carinhoso e amoroso? Durante os Seminários de Autotransformação, quando pedimos aos participantes para listar o que eles consideram ser as qualidades do amor genuíno, geralmente incluem qualidades tais como:

Respeito	Solicitude	Sacrifício	Gentileza	Abertura
Consideração	Compreensão	Abnegação	Paciência	Doação
Doar-se	Serviço	Ajuda	Partilhamento	Perdão

Pode-se notar de imediato que todas essas palavras têm uma coisa em comum: consideração para com a outra pessoa, em vez de preocupação para com as próprias necessidades. Por isso, podemos dizer que a essência do amor é uma *preocupação para com o bem-estar do outro*.

Geoffrey Hodson, o eminente autor teosófico, falou certa vez de uma chave importante para a felicidade no casamento, e disse que os casais que praticam esta chave terão garantida a felicidade no matrimônio. A chave é: *Pense sempre no bem-estar do seu parceiro, e jamais no seu próprio bem-estar*. Se observarmos os casais que conhecemos, veremos que isso é profundamente verdadeiro. Os casais mais felizes são aqueles que geralmente não estão preocupados em tentar satisfazer suas necessidades egocêntricas, sejam elas físicas ou psicológicas. Em outras palavras, as suas vidas são relativamente livres do aprisionamento dos mecanismos psicológicos criados no passado. Em vez disso, eles sentem e exibem uma preocupação natural para com a pessoa que amam.

Agora, relacionando isso à nossa compreensão da natureza dual dos seres humanos, descobrimos que o amor é essencialmente uma expressão de nossa natureza superior ou do nosso triângulo superior, e não do inferior. O triângulo inferior é uma criatura de necessidades e desejos, que está basicamente preocupada com a satisfação dessas necessidades. Essa criatura está voltada a tomar, em vez de dar. Qualquer ato de doação a partir desse nível ("Eu te amo . . . ") tem raízes em algum tipo de satisfação que ela deriva da outra pessoa (" . . . por que você me faz feliz").

EXPRESSÕES DE AMOR E CARINHO

Os seres humanos respondem de maneira positiva e saudável ao amor de outras pessoas. Mas um amor assim deve ser expressado *no comportamento*. Não pode apenas permanecer como uma intenção ou um desejo. Muitos pais ficam surpresos e magoados quando descobrem que seus filhos disseram que eles não os amam. Sentem-se magoados porque, após se esforçarem tanto para cuidar da família, descobrem que seus filhos não se sentem amados. Estes pais fracassaram em distinguir entre intenção e comportamento. Não é preciso ser clarividente ou vidente para discernir os sentimentos internos de uma outra pessoa. Só é possível sentir o que é expressado ou manifestado no comportamento, tal como uma palavra gentil, um sorriso, um toque, um abraço, um elogio, um telefonema ou um presente.

Em termos de comportamento, o amor e o carinho são manifestados através de atos muito simples que surgem da apreciação espontânea e da preocupação para com os outros. Alguns desses atos em relação às pessoas são identificados abaixo:

OUVIR

Ouvir é o mais básico ato de carinho. Não ouvir é o sinal mais certo de autoabsorção, isto é, egocentrismo.

O genuíno ouvir, como expusemos numa sessão anterior, significa que estamos prontos para entender a outra pessoa incondicionalmente. Não quero dizer com isso que devamos sempre concordar com que é dito. Compreender não significa concordar. São coisas muito diferentes. No processo de compreensão, não há resistências do interior. São as reações condicionadas a favor ou contra o que é ouvido que podem obstruir a verdadeira compreensão da outra pessoa.

Em termos de comportamento, isso pode ser manifestado em situações simples tais como as seguintes:

Quando uma criança dirige-se a você para dizer algo, pare o que quer que esteja fazendo e encare a criança, de preferência no nível dela (significando que você se abaixa para que o seu rosto fique no mesmo nível que o rosto da criança). Dê a ela completa atenção, compreendendo o significado de suas palavras e sentimentos e depois respondendo de maneira apropriada, quer seja com um simples reconhecimento, apreciação, decisão ou rejeitando um pedido (leia adiante a respeito da firmeza).

- Quando você conversar com seu cônjuge, olhe-o(a) nos olhos. A não ser talvez para troca de informação trivial ou inconsequente, como "Onde está o jornal?", toda conversa é uma oportunidade para a expressão da sua apreciação ou carinho para com seu companheiro. Isso é particularmente verdadeiro quando o seu companheiro está expressando algum problema, dificuldade ou preocupação. Ouvir genuinamente alguém é uma das afirmações mais profundas da importância que lhe damos.
- Quando conversamos com uma pessoa mais velha, fingimos ouvir apenas para condescender ou para consolá-la? Ou podemos ouvir genuinamente?

Quando estendemos esta capacidade para ouvir verdadeiramente quem quer que encontremos, começamos a sentir o gosto do que o amor incondicional verdadeiramente é.

TEMPO COM QUALIDADE

Ao expressar nosso carinho para com as pessoas à nossa volta, é útil compreender o que significa a frase *tempo com qualidade*. Tempo com qualidade não significa apenas passar uma hora ou um dia com uma pessoa, como se fosse um investimento do tempo para mostrar à pessoa que nos preocupamos com ela.

Tempo com qualidade significa que estamos adorando o tempo que passamos com a pessoa. Significa que apreciamos a pessoa.

- Quando vamos à praia com nossos familiares, ficamos deitados na areia o dia inteiro lendo um romance? Se o fazemos, isso significa que o nosso relaxamento é mais importante que os nossos companheiros. Fomos à praia para o nosso repouso, e não para "curtir" as coisas com eles. Mas você pode dizer, e se eu realmente preciso de um descanso? Não é para isso que existem as férias? Então significa que você não tem tempo para eles. Você precisa para si mesmo até do tempo que, supostamente, deva desfrutar com eles. Existe possivelmente uma falta de equilíbrio em sua vida. Significa estresse acumulado. O seu lazer ou tempo livre é usado para o propósito de relaxar. Quando você terá tempo para as pessoas a quem você "ama"? Por que às vezes aqueles a quem você mais ama recebem a prioridade mais baixa?

- No pouquíssimo tempo que ficamos em casa, conversamos com nossa família ou fazemos algo com eles que gostamos todos de fazer? A positividade ou "curtição" da atividade juntos é a essência do tempo com qualidade.

SENSIBILIDADE ÀS NECESSIDADES E AOS SENTIMENTOS DOS OUTROS

Quando habitualmente estamos voltados às nossas necessidades e desejos, geralmente estamos cegos às necessidades e sentimentos dos outros. Quando tivermos processado nossas próprias necessidades e os mecanismos alojados no nosso triângulo inferior, descobriremos que não será difícil nos tornarmos sensíveis às necessidades dos outros.

ABNEGAÇÃO

Ser genuinamente preocupado com o bem-estar dos outros significa que não devemos estar absortos em nós mesmos. Tal absorção inclui sentimentos de impaciência, raiva e defesa, ou de estarmos ocupados com pensamentos a respeito do nosso trabalho, preocupações, etc.

Amor e Carinho | 157

Para atingir essa qualidade de não egocentricidade, devemos ter processado a bagagem interna não resolvida e atingido um grau mais elevado de eficácia e integração nas questões da nossa vida.

FIRMEZA OU ASSERTIVIDADE NO AMOR

As pessoas geralmente perguntam: "Se somos abnegadas demais, as outras pessoas não irão facilmente abusar de nós?" Um participante do seminário disse: "Certamente se alguém me der uma bofetada na face esquerda, eu não vou lhe virar a minha face direita. Eu vou bater de volta!".

Uma concepção comum falsa é a de que a pessoa que ama é um fracote ou moleirão, um capacho em que as pessoas podem pisar. Isso se deve ao fato de que as pessoas compreendem o amor como um relacionamento da personalidade, isto é, pertencente ao triângulo inferior, ou ao eu inferior.

Consideremos Mahatma Gandhi – poucas pessoas são tão carinhosas e abnegadas quanto ele foi. Ele era um moleirão? Nem mesmo todo o Império Britânico conseguia movê-lo se ele não quisesse se mover.

O amor não tem medo. Não tenta agradar para obter a afeição da pessoa amada. O amor possui a sabedoria para a qual os sentimentos românticos são geralmente cegos. Ele consegue ver as falhas e as fraquezas da pessoa amada e consegue dizer não à pessoa amada, e aquilo que é pedido não é para o benefício mútuo. Aqui estão dois exemplos de assertividade no amor:

1. Uma mãe que verdadeiramente ama seu filho não irá fazer-lhe as vontades nem ceder a toda veneta e capricho da criança. O amor tem firmeza tanto quanto tem clareza e gentileza. Uma mãe que não consegue dizer não ao seu filho é uma mãe que tem medo – ela tem medo de perder o afeto do filho. Assim, isso é uma necessidade, e não amor.

2. Uma esposa que ama seu marido não vai querer cooperar em um assunto que irá, a longo prazo, contribuir para a infelicidade do marido ou que irá engendrar conflito entre ambos. Mas uma decisão assim deve emergir da clareza da sabedoria do amor e não dos medos, preconceitos ou estreiteza da própria esposa. Assim, o amor é sabiamente assertivo.

AMOR E APEGO

Um aspecto especial do amor que é frequentemente questionado é o apego. Quando gostamos de uma pessoa, existe frequentemente um sentimento de apego com relação a essa pessoa. Sentimos falta da pessoa quando está distante. Afligimo-nos quando a perdemos. Em outras palavras, apegamo-nos à pessoa.

Será o apego uma parte necessária do amor? É possível amar sem nos apegar?

Examinemos isso. Quando sou apegado a alguma coisa, o que está acontecendo? Sinto-me confortável quando o objeto do amor está presente, e sinto-me desconsolado quando está ausente. Sinto necessidade da presença do outro, e por isso o apego é realmente uma expressão da nossa necessidade. É ainda o chamado do eu inferior egocêntrico o qual é distinto do amor. Aliás, pode-se dizer que a importância dada a este apego egocêntrico é a mesma que se dá ao amor maculado por aspirações egoístas.

Mas ser desapegado não significa não ter genuína apreciação pela pessoa amada.

Apreciação. A apreciação é diferente do apego. Podemos olhar para o pôr-do-sol com admiração e reverência sem apego. Quando o sol se põe e a escuridão toma conta do céu, nós não anelamos pelo retorno daquele cenário. Conseguiremos olhar para uma pintura ou um filme da mesma maneira? E o que dizer de um relacionamento?

Conseguimos apreciar plenamente a presença de uma pessoa enquanto ela está por perto, e não nos sentirmos infelizes quando está ausente?

Amor e Carinho | 159

Relacionamento Incompleto. Aqui enfrentamos a questão do nosso relacionamento incompleto com as outras pessoas. Quando a nossa interação e experiência com uma pessoa são incompletas, há o desejo de estar com aquela pessoa novamente, uma falta da pessoa. Tendemos a sentir saudade dela. Esta é a manifestação do apego.

Quando, por outro lado, a nossa experiência de um relacionamento é completa, não sentimos falta da outra pessoa quando ela não está por perto. Não há sentimento de infortúnio por causa da ausência do outro.

Uma pessoa significa algo para nós a qualquer momento. Essa é realmente a essência de nossa apreciação da pessoa. Quando ela está à nossa frente, essa apreciação manifesta-se como uma inclinação para expressar algo à pessoa, ou fazer algo por ela ou algo juntamente com ela. *Essa inclinação é devida à energia psicofísica que espontaneamente surge em função do nosso apreço pela pessoa.* A plena experiência desse sentimento, esta inclinação ou atitude, e a manipulação apropriada da mesma, dá inteireza à interação. Após a interação, não há saudade remanescente nem desejo de repetição da experiência, e nem posteriormente da presença.

Suponhamos que eu visite minha mãe que mora em outro lugar. Se eu me preocupo com ela, haverá certas coisas que eu me sinto inclinado a dizer ou fazer enquanto estou com ela. Podem ser pequeninas coisas como ajudá-la a limpar ou a cozinhar, ou apenas passar uma hora conversando com ela. Se durante toda essa hora eu for capaz de plenamente experienciar a minha apreciação por ela tanto internamente (tal como um sentimento de ternura com relação a ela) quanto em termos do meu comportamento (ajudando-a nos afazeres domésticos), então a interação é completa para *esse* exemplo particular. Não vou sair da casa dela sentindo-me triste, culpado ou infeliz.

Mas, se durante a hora que estou com ela eu não me torno perceptivo dos meus sentimentos profundos para com ela (isto é, os sentimentos estão lá, mas eu não estou consciente deles), então as minhas ações e a minha conversa podem não refletir essa atitude mais profunda. Na verdade, eu posso comportar-me de maneira contrária, repreendendo-a ou criticando-a por não tomar o remédio regularmente, ou por não responder às ligações telefônicas (que é como as pessoas expressam a sua "preocupação"). Ao final dessa hora, deixo a casa da minha mãe com um pensamento subconsciente de insatisfação, até mesmo um sentimento de ira justa porque "ela não ouve meus conselhos", "ela é muito cabeça dura", etc. Quando minhas interações com ela são repetidamente dessa natureza, então terei medo de perdê-la – um sentimento de não estar preparado para a partida final. Existe um sentimento acumulado interior – uma energia psicofísica que não é capaz de fluir nem livremente nem completamente – que causa este sentimento de medo da perda. Esta é a causa do apego.

A autopercepção permite-nos estar em contato com essa atitude ou sentimento de apreciação e agir de maneira apropriada, de acordo com as suas inclinações espontâneas. É o fator que nos permite completar uma interação com uma pessoa de um momento ao momento seguinte, de um encontro ao encontro seguinte, não deixando vestígios dentro de nós que irão posteriormente resultar em apego.

AMOR INCONDICIONAL

Pode o amor ser realmente incondicional – ser oferecido sem qualquer expectativa para si próprio? Se assim for, será isso possível na vida prática? Somos ainda seres humanos quando amamos sem nada esperar do outro?

Há dois tipos de expectativas entre as pessoas.

- *As expectativas de relacionamento*, ou aquelas expectativas que surgem de um relacionamento assumido ou em que há concordância;
- *Expectativas egocêntricas*, ou aquelas que surgem das necessidades e dos desejos pessoais de alguém.

Se eu me candidato a um emprego e sou aceito, estabeleço um relacionamento com a companhia, com meu superior e com meus coempregados. Este relacionamento multifacetado cria expectativas interpessoais. Espera-se que eu apresente relatórios em uma determinada hora e que execute determinadas tarefas que aceitei. Essas são expectativas de relacionamento.

Se eu me caso com uma pessoa, estou na verdade comprometendo-me a certos deveres implícitos e explícitos como marido e como pai. Numa sociedade monogâmica, espera-se que eu não tenha uma segunda esposa ou relacionamento semelhante com outras mulheres enquanto for uma pessoa casada. Casando-me, estou concordando com tais compromissos, criando assim expectativas de relacionamento. Em outras palavras, existem deveres que foram estabelecidos e aceitos. As expectativas são apropriadas, e não surgem das necessidades egocêntricas do indivíduo.

As expectativas egocêntricas são diferentes. Elas têm raízes nas necessidades ou nos desejos psicológicos da pessoa, e podem ou não ter alguma coisa a ver com as expectativas de relacionamento. Quando eu espero que a minha esposa lembre-se do meu aniversário, ou que ela seja responsiva quando estou disposto para o romance, então são as minhas expectativas egocêntricas que estão operando. Não existe nada no contrato de casamento que diga que marido ou esposa deva sempre estar com a mesma disposição que o outro, e que jamais deva esquecer o aniversário do outro.

As expectativas de relacionamento podem diferir de cultura para cultura – quer seja cultura familiar, étnica ou nacional. As expectativas egocêntricas dependem da educação e do condicionamento do indivíduo. As expectativas de relacionamento são mais impessoais, isto é, podem ser consideradas como "deveres", enquanto as expectativas egocêntricas são pessoais.

O amor incondicional pode ter expectativas de relacionamento, mas não expectativas egocêntricas. As expectativas de relacionamento são devidas aos deveres que se percebe serem da outra parte, que surgem a partir do relacionamento com que se concordou. Mas, porque não existem expectativas egocêntricas, não nos sentimos pessoalmente magoados ou menosprezados pelas omissões do cônjuge ou da outra pessoa. Assim, a raiva não é despertada, mesmo que alguns problemas sejam percebidos.

São duas as chaves para o amor incondicional: (1) o despertar da nossa consciência espiritual superior, que é compassiva e amorosa, e (2) o desaparecimento dos mecanismos, ou padrões de reações condicionados que engendram mágoas e frustrações.

COMENTÁRIOS E INFORMAÇÕES COM O OBJETIVO DE AVALIAÇÃO (*FEEDBACK*)

Aqui está um exercício que é dado durante o Seminário de Autotransformação. Pode ser feito por duas pessoas que se conheçam suficientemente para serem capazes de dar um *feedback* substancial uma à outra – marido e mulher, irmãos e irmãs, amigos, colaboradores, etc. É uma atividade que pode aprofundar nosso relacionamento com a outra pessoa e que pode engendrar maior autenticidade no relacionamento. É também um exercício que auxilia a desenvolver o desapego, tornando-nos capazes de ouvir elogio ou crítica sem reações a partir de mecanismos condicionados.

Este é um exercício muito poderoso e espera-se que as duas pessoas envolvidas na atividade tenham aprendido o processamento da autopercepção, da audição e da assertividade. Cada pessoa deve escolher um parceiro e fazer o seguinte:

- Cada parceiro reveza-se em dar ao outro três *feedbacks* positivos. Eles concordam em quem será o primeiro a dar o *feedback* e quem será o primeiro a receber.
- Cada parceiro pode pedir ao outro para dar um *feedback* negativo, que deve ser inserido entre o segundo e o terceiro *feedback* positivos. Quando nenhum pedido é feito, nenhum *feedback* negativo deve ser dado.
- Ambos os parceiros devem primeiramente passar por um autoexame cuidadoso durante alguns minutos para se assegurarem de que estão relaxados e autoperceptivos.
- Após assegurarem-se de que estão relaxados, o *recebedor* diz que está pronto para receber o *feedback*.

- O *doador* do *feedback* pensa em algo que admira na outra pessoa. Então ele expõe isso com palavras verdadeiras, sinceras e sem exagero.
- O *recebedor*, após ouvir o *feedback* positivo, checa para ver se tem reação automática ao *feedback*. Ele deve processar esta reação. Pode ser embaraço, tensão, choro, etc. Ele não deve dar nenhuma explicação, justificativa ou negativa. Ele deve apenas experienciar a reação e processá-la. Durante este estágio, tanto o *doador* quanto o *recebedor* devem permanecer em silêncio.
- Quando o *recebedor* tiver terminado de processar a reação e tiver alcançado um estado de calma e relaxamento, então ele deve dizer ao *doador*, "Estou pronto para o próximo *feedback*".
- O *doador* irá agora dar o segundo *feedback*. Segue-se o mesmo procedimento anterior.
- Se o *recebedor* pediu um *feedback* negativo, então este deve ser dado após o segundo *feedback* positivo, usando o mesmo procedimento. Se nenhum pedido foi feito, então segue-se para o terceiro e último *feedback* positivo.
- Então invertem-se os papéis. O *recebedor* agora se torna o *doador* do *feedback*.
- Durante todo o exercício não deve haver conversa, explanação ou justificativa do *recebedor*. Se qualquer explicação for necessária, ela deve ser dada após o exercício.

São dois os propósitos desse exercício:

1. Dar uma oportunidade aos participantes de receberem *feedback* positivo das outras pessoas numa atmosfera que é conducente à sinceridade e à autenticidade.

   Muitas pessoas que são submetidas a esse exercício frequentemente ficam surpresas quando suas qualidades positivas são reconhecidas. Muitas descobrem pela primeira vez que as pessoas apreciam certas peculiaridades que elas mesmas não admiram. Isso intensifica a sua autoaceitação.

2. Desenvolver a capacidade para receber elogio ou crítica sem gerar reações automáticas que tendem a ser defensivas ou a causar rejeição.

Quando essa capacidade é desenvolvida, a pessoa pode ouvir o que é verdadeiro e ignorar o que não é. Esse é um exercício para ver claramente as coisas como elas são. As reações automáticas a partir de mecanismos condicionados tendem a obnubilar a nossa visão ou a nossa compreensão objetiva do que é dito, evitando assim que vejamos a realidade com clareza.

Quando exploramos profundamente a natureza da apreciação, da compaixão, do carinho e do amor, começamos a descobrir que aquilo que é chamado amor é um tipo de radiação do nosso ser interior. É como o sol que brilha indiscriminadamente sobre tudo, ou como a flor que doa seu perfume a todos, não se preocupando que sejam ou não transeuntes. O amor é essencialmente não seletivo, mas quando filtrado através da nossa personalidade, sentimos preferências e favoritismos.

O amor é essencialmente transcendente e não pessoal. É uma emanação natural daquela natureza espiritual dentro de nós que sente a nossa unidade com os outros. Nós sentimos pelos outros; nós sentimos com os outros. Os interesses dos outros são espontaneamente sentidos como nossos interesses.

18
Lidando com a Preocupação

A preocupação cumpre uma função muito importante. Ela nos estimula a cuidar de alguns problemas não resolvidos. Assim, ela evita que nos tornemos irresponsáveis. O problema, no entanto, é que a preocupação é também uma grande fonte de infelicidade humana. Ela nos rouba o sono e a capacidade de sermos espontaneamente alegres. Torna a vida pesada e enfadonha. Três fatores contribuem para a preocupação:

1. **Medo**. Essa é a raiz da preocupação. É o que torna a preocupação desagradável. Se não houver medo, então é uma *inquietação* em vez de uma preocupação.

2. **Filosofia de Vida Nociva**. Quando as prioridades e os valores não são claros, constantemente nos defrontamos com dilemas na tomada de decisão. Não queremos abrir mão de alternativas não viáveis.

3. **Métodos Ineficazes de Resolução de Problemas**. Não temos clareza com relação a qual seja o melhor método para lidar com um problema. A mente tende a ficar insatisfeita com o que está sendo feito a respeito.

O primeiro fator, o medo, foi trabalhado nos capítulos anteriores. O segundo fator é debatido no Capítulo 22. Tratamos agora do terceiro fator.

ELIMINANDO A PREOCUPAÇÃO

Estes são os passos que podem eliminar o peso da preocupação:

- Ter clareza quanto ao objeto da preocupação. Quando não temos clareza a respeito da natureza do problema, descobrimos que não conseguimos resolvê-lo. Há uma diferença entre ansiedade e preocupação. A ansiedade é um sentimento vago, enquanto a preocupação é específica. Portanto, se sentimos ansiedade, precisamos localizar a sua causa com precisão. Quando se torna clara, ela é convertida em preocupação, que podemos então resolver.
- Apresentação de múltiplas ideias sobre soluções alternativas. Esse método de apresentação de múltiplas ideias é um processo criativo que permite que todas as ideias sejam encaminhadas. Nenhuma sugestão é rejeitada, mesmo as estranhas ou ridículas. Tais ideias aparentemente sem sentido podem indicar soluções não convencionais, porém eficazes. Essa apresentação de ideias múltiplas é melhor quando feita com outras pessoas, que podem apresentar ângulos ou pontos de vista para os quais não atentamos.
- Identificar alternativas viáveis. Após essa apresentação de ideias múltiplas, escolha aquelas que são mais viáveis. Pode ser uma ou cinco linhas de ação possíveis.
- Estipule prazos para cada ação. Estabeleça datas para a realização dessas ações viáveis.
- Façamos o melhor para realizar as ações escolhidas. O nosso subconsciente deve estar convencido de que estamos fazendo o melhor dentro de nossas possibilidades. Somente então ele deixará de se preocupar.
- Após ter feito o melhor que pudemos, temos que aceitar as consequências, quaisquer que sejam. Não podemos fazer melhor, mesmo que o mundo desabe.

EVITANDO A PREOCUPAÇÃO

Tão importante quanto eliminar a preocupação é a habilidade de evitá-la. A preocupação é uma crise que geralmente surge do acúmulo de tarefas que não foram devidamente atendidas e resolvidas. Aqui estão algumas ideias para evitar a preocupação:

- Evite praticar atos que vão contra seus princípios ou valores. Atos inescrupulosos reivindicarão suas consequências mais tarde, resultando em preocupação e infelicidade. Assim, quando mentimos, preocupamo-nos em não sermos descobertos.
- Anote suas prioridades na vida. Dê tempo suficiente a cada uma dessas prioridades.
- Estabeleça metas e programas de ação para longo, médio e curto prazos.
- Mantenha uma lista diária de coisas a fazer.
- Examine sua lista diariamente e faça o melhor para realizar cada item, especialmente os desagradáveis. Você encontrará muito tempo extra durante o dia quando diligentemente tiver primeiramente cuidado da lista de coisas a fazer.
- Após fazermos o melhor que pudermos, aceitemos os erros e as consequências de nossas escolhas.

19

A Saúde e o Corpo Físico

autodomínio não é um processo psicológico nem espiritual independente do corpo. A consciência é influenciada, e às vezes até mesmo determinada, pelo estado do corpo. Os indivíduos cujos cérebros sofreram danos, ou foram operados, podem experienciar sérias alterações em suas percepções, raciocínio e estados de consciência. Certas drogas e alimentos afetam o estado de nossa mente e sentimentos, tais como determinados cogumelos, LSD, sedativos, álcool, café, etc.

A nossa eficácia em fazer quase tudo nessa vida também depende do estado do nosso corpo. O corpo, quando condicionado a ser letárgico, geralmente frustra as intenções mais sublimes da mente. Queremos meditar pela manhã, mas o desejo do corpo pelo suave conforto da cama pode facilmente prevalecer sobre a busca pela libertação. Desejamos ajudar em algum trabalho nobre, mas a inércia do corpo é enorme. Não mais controlamos o corpo. Sendo assim, são os nossos corpos que determinam a nossa capacidade de fazer as coisas.

O corpo físico, portanto, deve ser mantido de uma maneira tal que seja plenamente subserviente ao nosso eu interno, tal qual um cavalo domesticado que responde às mais leves cutucadas dadas na rédea pelo cavaleiro. O corpo, além de suas necessidades naturais, não deve ter uma agenda própria de tal maneira que supere a agenda mais importante da vida do ser interior.

Para manter o corpo numa condição saudável, consideremos as seguintes sugestões testadas ao longo do tempo.

EXERCÍCIO

O corpo é mantido numa condição saudável quando o sistema de energia está funcionando bem através da circulação apropriada do *chi* ou *prana* por todas as partes do corpo. Isso é feito por meio da respiração profunda.

O melhor exercício, então, é qualquer atividade que envolva respiração profunda, que por sua vez estimula a circulação da energia através de todo o corpo. Como exemplo podemos ter a aeróbica, o *chi kung*, o *tai chi chuan* e as *asanas* do Yoga. O processo respiratório deve ser mantido por um período de pelo menos vinte a trinta minutos, dependendo da profundidade de nossa respiração. Quando corremos, por exemplo, a nossa respiração tende a ser muito profunda, e notamos uma sensação de formigamento nas extremidades depois de mais de dez minutos de corrida contínua. A manutenção da respiração é importante, já que permite que o aumento da circulação de energia alcance todas as partes do corpo.

Os exercícios orientais tais como *tai chi chuan*, *chi kung*, e as *asanas* têm certa vantagem sobre os exercícios aeróbicos mais vigorosos. Devido à maior lentidão dos movimentos, permitem que nos tornemos perceptivos das partes do corpo, e que estejamos conscientes da tensão e do relaxamento nas diferentes partes do corpo.

Precisamos tomar nota desses três ingredientes para exercícios eficazes: respiração, percepção, e ciclo de tensão e relaxamento de certas partes do corpo. A respiração intensifica a circulação da energia *chi*, a percepção mantém-nos em contato com as partes não relaxadas do corpo, e o ciclo de tensão e relaxamento auxilia a alongar e relaxar as partes do corpo para mantê-las espertas, leves e ágeis.

DIETA

O alimento nocivo é a causa principal de doenças prematuras, tais como doenças do coração, do fígado e osteoporose.

No Seminário de Autotransformação, recomendamos com veemência a adoção de uma dieta vegetariana devido a quatro razões:

1. Saúde
As pesquisas têm demonstrado que, acima de qualquer discussão, a dieta vegetariana é muitíssimo mais saudável que a dieta ba-

seada em carne. Estudos sobre longevidade entre certos grupos de indivíduos, como os Hunzas e os Adventistas do Sétimo-Dia mostram uma baixíssima incidência de doenças que caracterizam a vida moderna, tais como doenças vasculares e cânceres. Estudos expressivos durante períodos extensos produziram resultados semelhantes, tais como o estudo feito em 1960 e continuado após vinte e um anos entre 27.529 adultos na Califórnia, e um outro entre 11.000 pessoas na Inglaterra.[1]

Em 1990, um grupo internacional de cientistas anunciou os resultados do Projeto China-Oxford-Cornell sobre Nutrição, Saúde, e Meio Ambiente, que teve início em 1983. Essa foi até agora a maior pesquisa sobre dieta e saúde jamais realizada por qualquer grupo, e uma de suas mais surpreendentes conclusões é que:

se os países industrializados . . . puderem curar-se do vício pela carne, isso poderá vir a ser, no final das contas, um fator mais importante para a saúde mundial do que todos os médicos, todas as políticas de segurança de saúde, e de todas as drogas juntos.[2]

2. Compaixão

Os animais sofrem ao serem mortos. As vacas levam marretadas, machadadas na cabeça ou são perfuradas na garganta. Precisam sofrer tanto apenas para que tenhamos hambúrgueres e bifes?

Duas coisas são necessárias para que um organismo sinta dor: um sistema nervoso central e receptores de dor. Todos os vertebrados, ou animais com espinha dorsal, têm essas duas coisas. Nesse grupo estão incluídos os peixes, os mamíferos, os pássaros, os anfíbios, os répteis, e, certamente, os seres humanos. Portanto, eles sentem dor. Toda vez que um magarefe mata uma vaca ou um porco para que você tenha o seu bife ou a sua carne de porco, animais conscientes estão sentindo dor e sacrificando suas vidas pelo nosso paladar. Precisamente pelas mesmas razões, as pessoas não comem seus animais de estimação, e os vegetarianos, compassivos, não comem animais.

Os animais também sofrem pelas condições a que são submetidos nas fazendas agrícolas. Nas granjas, as galinhas geralmente têm os bicos cortados para que não biquem umas às outras. (É de se perguntar como elas comem). Durante meses, bezerros jovens são mantidos em currais que não permitem movimentos para que seus músculos não endureçam. A sua carne é transformada em vitela macia. Você já sentiu o desconforto que é ser confinado sobre uma cama numa única posição durante um dia inteiro?

3. Efeito de certos tipos de alimentos

Alguns tipos de alimentos tendem a perturbar o corpo e a mente, e outros não. O café, o chá e a pimenta malagueta tendem a nos estimular, e outros alimentos, tais como a carne, tendem a nos tornar letárgicos.

A filosofia indiana fala de três tipos de alimento: os *rajásicos*, aqueles que estimulam; os *tamásicos*, aqueles que causam letargia; e os *sátvicos*, aqueles que são harmoniosos.

Frutas e verduras geralmente se encontram sob a categoria *sátvicos*, e a carne geralmente pertence ao grupo *tamásico*. Aqueles que buscam o autodomínio são encorajados a evitar alimentos *tamásicos*, sejam de origem animal ou vegetal.

4. Razões ecológicas

A produção de animais para alimentação está acarretando um alto custo ambiental ao planeta.

As florestas tropicais da América do Sul estão sendo convertidas em pastagens para gado, para suprir as necessidades de hambúrgueres ao redor do mundo. Quarenta por cento das florestas tropicais da América Central foram destruídas para esse propósito entre 1960 e 1985. A dieta baseada na carne contribui também para o esgotamento das fontes de água potável. O suprimento de água potável no mundo está alcançando níveis tão alarmantemente baixos que os cientistas estão prevendo que as guerras futuras podem ter como causa o suprimento de água. Nos Estados Unidos, mais de metade de toda a água usada vai para a produção do gado. "Precisa-se de menos água para alimentar um vegetariano por ano do que é necessário para alimentar um carnívoro durante um mês".[3]

EVITANDO HÁBITOS INSALUBRES

Certos hábitos ou vícios contribuem para a falta de saúde. Fumar é o exemplo mais claro. A evidência tem sido tão esmagadora que os fabricantes de cigarro concordaram em compensar os governos em bilhões de dólares pelos custos médicos do tratamento das doenças causadas pelo fumo.
O álcool é outro. Afeta não apenas a mente, estando diretamente ligado a doenças tais como câncer do fígado e cirrose.
Já foi provado que as drogas infligem danos cerebrais aos usuários.

ATITUDE E FILOSOFIA DE VIDA

Os sintomas de doença física são apenas os fenômenos mais exteriores, ou a casca, de uma longa série de causas que têm raízes na nossa filosofia de vida. Isso inclui a nossa atitude com relação às coisas e aos eventos, hierarquia de valores, perspectivas da vida, e habilidades na resolução de problemas. A seguir estão uns poucos exemplos das manifestações exteriores de nossa vida interior:

- Uma pessoa com excesso de preocupações tem mais probabilidades de desenvolver úlceras do que uma sem esse excesso.
- A pessoa otimista tende a infligir menos dano psicossomático a seu corpo do que uma pessoa pessimista.
- O riso, como foi descoberto pelos médicos, pode realmente ser um ótimo remédio.
- A raiva constante pode causar dores de cabeça frequentes.

A lista é longa, mostrando que a saúde está intimamente ligada ao nosso estado mental e sentimental, que, por sua vez, têm raízes na nossa filosofia de vida.

As regras para um viver saudável são poucas e simples, mas precisamos da clareza dos valores para saber que hábitos abandonar em favor de uma saúde melhor.

Notas:
1. Parachin, Victor, *365 Good Reasons to Be a Vegetarian* (New York: Avery Publixhing, 1998), pp. 10,62.
2. John Robbins, *Diet for a New World* (New York: Avon Books, 1992), p.86.
3. Victor Parachin, *op cit.*, p.95.

20

Lidando com os Condicionamentos

Investigamos diversas abordagens que ajudam a purificar o triângulo inferior dos condicionamentos indesejados e a integrar quaisquer condicionamentos desejáveis que permitamos permanecer. Neste esforço, três princípios gerais devem ser mantidos em mente:

1. Não devemos permitir que os condicionamentos do passado determinem nosso comportamento presente sem o nosso consentimento consciente.

Crescemos adquirindo milhares de condicionamentos que não temos a oportunidade de rever e triar. Muitos deles são danosos e são a causa de nossa tristeza e ineficácia. Chegamos ao ponto onde compreendemos como os condicionamentos controlam e dominam nossas vidas. O processo de autotransformação também nos mostrou que há meios eficazes de remover tais condicionamentos. Depende agora de nós se iremos modificar nossos condicionamentos ou nos libertar dos condicionamentos indesejáveis. Devemos examinar esses condicionamentos e escolher quais deles abandonar e quais reter.

2. Não devemos permitir que nosso ambiente presente e a falta de consideração dos outros determinem nosso atual estado de ser.

Quando as pessoas à nossa volta agem de maneira indigna, a nossa disposição também se torna indigna? Quando o tempo está ruim, o nosso humor também fica ruim?

Consideremos o termômetro e o termostato. O mercúrio do termômetro sobe quando a temperatura ambiente está quente, e desce quando está fria, e sobe novamente quando está quente. Em outras palavras, ele reage de acordo com o ambiente. Por outro lado, um termostato fixa sua própria temperatura desejada. Quando você o ajusta para 20 °C, ele para o compressor quando está frio demais. Quando está muito quente, ele liga o compressor para trazê-lo de volta aos 20 °C.

Agora podemos nos perguntar, somos termômetros ou termostatos? Somos impotentemente condicionados pelo nosso ambiente? Quando alguém, por falta de consideração ou por ignorância, diz algo desagradável, ficamos envolvidos em ressentimento que arruína o resto do nosso dia? Ou determinamos o nosso próprio estado de ser – as nossas próprias respostas ao que as pessoas dizem ou fazem?

Aqui está um verso de autor anônimo que pode nos ajudar a ser termostatos em vez de termômetros:

> As pessoas são irracionais, ilógicas, e egocêntricas.
> *Ame-as assim mesmo.*
> Se você fizer o bem, as pessoas irão acusá-lo de ter motivos egoístas, ulteriores.
> *Faça o bem de qualquer maneira.*
> Se você for bem-sucedido, irá ganhar falsos amigos e verdadeiros inimigos.
> *Busque o sucesso assim mesmo.*
> O bem que você fizer será esquecido amanhã.
> *Faça o bem assim mesmo.*
> Honestidade e franqueza o tornam vulnerável.
> *Seja honesto e franco assim mesmo.*
> Aquilo que você despende anos construindo pode ser destruído da noite para o dia.
> *Construa assim mesmo.*
> As pessoas realmente precisam de ajuda, mas podem atacá-lo, se você as ajudar.
> *Ajude-as assim mesmo.*

Dê ao mundo o melhor que você tiver, e você irá levar um chute nos dentes.
Dê ao mundo o melhor que você tiver assim mesmo.

3. Devemos empreender um programa que irá mudar nossos condicionamentos para que se tornem consistentes com as nossas metas e valores mais elevados.
Isso pode ser feito através de:

- *Leitura de uma literatura apropriada.* Os nossos pensamentos são as fundações de nosso comportamento e atitudes externas. Quando regularmente lemos uma literatura selecionada, nossos padrões de pensamentos e atitudes são consequentemente mudados. É um bom hábito ler diariamente material pré-selecionado. Por exemplo, aqueles que sentem que suas atitudes são pessimistas ou derrotistas devem querer ler literatura de autoajuda, tais como a de Dale Carnegie. E outros que são inclinados à espiritualidade podem querer ler livros sobre meditação ou misticismo.
- *Escolha deliberada de companheiros que pensem de maneira semelhante.* Não somente pelos livros, somos também influenciados pelos companheiros que temos. Companheiros que gostam de fofoca, por exemplo, derrubam nossos hábitos de pensamento para um baixo nível pessoal, fortalecendo ainda mais os aspectos indesejáveis de nossa personalidade. Já nos decidimos a buscar seriamente a vida espiritual, então tentemos buscar a companhia daqueles que já estejam fazendo a mesma coisa.
- *Empreender programas de recondicionamento conscientemente.* A autotransformação é um processo deliberado. Precisamos empreender programas que mudem os hábitos (físicos, emocionais e mentais) de nossa personalidade. Existem muitas abordagens já consagradas pelo tempo. O programa de sete dias do Seminário de Autotransformação é uma abordagem para a mudança comportamental que começa a partir de pequenos esforços. O procedimento é explicado no Capítulo 29.

O CONTROLE DO DESTINO

Existe algo chamado destino. Nascemos para viver vidas que têm padrões e tendências preestabelecidos. Sermos filhos de nossos pais especificamente, e não de outros casais, é parte desse destino. Que nascemos num dado ambiente social e cultural é também parte do nosso destino. Aquilo que os budistas chamam de *samskaras* ou semente do *karma* são também parte dos padrões preestabelecidos de nossas vidas que nos são trazidos de vidas anteriores.

Mas tais padrões e tendências não são rigidamente fixados. Assim como um rio, a direção do fluxo pode ser predeterminada, mas pode ser mudada. Quando nada fazemos, o padrão do passado assume o controle e o nosso destino é fixado. Dentro de nós existem níveis de consciência que interagem com tais padrões preestabelecidos podendo, portanto, causar uma modificação desses sulcos.

Chega um momento em que compreendemos que os fatores que determinam nossa vida podem ficar sob nosso controle. Mas precisamos fazer uma escolha consciente para assumir o controle.

Temos o poder de ir além do sofrimento em nossas vidas. Temos o poder de mudar a nós mesmos, nossas atitudes, nossos hábitos, nossos relacionamentos. Quanto mais cedo entendermos a mudança dessas causas, mais cedo poderemos colher a mudança nos efeitos. A vida é governada pela lei de causa e efeito, de plantar e colher, a lei do *karma*.

Quando essa compreensão surge, não podemos mais culpar os outros pelo estado de nossas vidas. Não podemos culpar a Deus, aos nossos pais, ao nosso presidente, à sociedade, etc. Não que eles não sejam responsáveis, mas é perda de tempo culpá-los. Podemos estar inseguros ou temerosos devido ao modo como fomos educados por nossos pais. Mas essa verdade não muda o fato de que ainda somos inseguros e temerosos. Devemos ainda fazer alguma coisa a respeito. E podemos.

Para controlarmos nosso destino, devemos considerar pelo menos três fatores:

1. Devemos ter clareza em nossas mentes quanto ao tipo de vida ou de futuro que desejamos tecer para nós mesmos. O desenvolvimento de uma filosofia de vida saudável é o primeiro passo. Devemos ter clareza quanto ao que significa a vida, e devemos ter clareza quanto a que valores ou princípios irão guiar-nos ao vivê-la.

2. Devemos estar familiarizados com os princípios que governam a lei de causa e efeito. Devemos compreender que controlamos nosso destino até onde controlamos as causas desse destino. Assim, precisamos não apenas estar perceptivos do nosso comportamento, mas também dos sentimentos e pensamentos que impulsionam tal comportamento. Ademais, devemos estar perceptivos das raízes subjacentes de tais sentimentos e pensamentos.

3. Precisamos desenvolver o autodomínio – aquela capacidade para controlar nossa personalidade ou triângulo inferior. Os vários aspectos do autodomínio nessa seção cobrem os elementos mais essenciais para tal controle. A autopercepção é o seu componente mais importante.

A LEI DE CAUSA E EFEITO

A filosofia oriental tem dado ao mundo *insights* valiosos a respeito da lei de causa e efeito. Ela é chamada de lei do *karma*. Apresentamos abaixo alguns pensamentos importantes para consideração.

O *karma* opera em todos os níveis de consciência.

A natureza das emoções e dos pensamentos é tão mecânica quanto o mundo físico, mesmo emoções e pensamentos sendo muito mais sutis que a matéria. Pensamentos e sentimentos são energias que produzem efeitos em duas direções:

1. Para fora dos seus próprios planos, afetando os pensamentos e sentimentos dos outros.

Lidando com os Condicionamentos | 181

2. Para baixo, através de nossos cérebros, criando um padrão psicofisiológico dos nossos comportamentos.

O princípio do *karma* afirma que, quando criamos uma emoção-pensamento (pois são quase inseparáveis), ela assume uma forma no mundo invisível e se torna uma entidade no plano mental e emocional. Essa entidade perdura de acordo com a energia de que está dotada. Assim, um pensamento irado dura mais do que o pensamento passageiro a respeito de uma ponte ou de um rio. Esta entidade está ligada ao seu criador e precisa ser neutralizada em algum momento no futuro, porque criou um estado de desequilíbrio. Nós colhemos nosso *karma* quando um processo de equilíbrio opera ativamente.

Nas *Cartas dos Mahatmas para A.P. Sinnett*, um Adepto instrutor escreveu que nossos pensamentos são vitalizados pelos elementais e tornam-se entidades ativas.

As fontes do *karma* estão não apenas nas ações praticadas nesta vida, mas também nas de vidas anteriores.

A realidade da reencarnação recebeu validação das pesquisas científicas no século XX. Sendo assim, a questão não é mais religiosa ou teológica, mas científica. Aqueles que desejam investigar o assunto são encorajados a ler as obras do Dr. Ian Stevenson da Universidade da Virgínia (EE.UU). Um resumo de sua obra consta do ensaio *Evidence of Survival From Claimed Memories of Past Incarnations*, que ganhou o Prêmio William James da Sociedade Americana de Pesquisa Psíquica. Ele reuniu mais de dois mil casos documentados de pessoas que lembravam de suas vidas passadas e que eram capazes de corroborar suas afirmações.

Há três tipos de *Karma* em cada vida:
1. *Karma total*. Esse é o *karma* que não pode ser equilibrado durante essa vida porque as condições ainda não são adequadas. Assim, se eu tenho um débito de gratidão para com um indivíduo em particular, tenho que esperar até que nasça ao mesmo tempo em que aquela pessoa antes que possa neutralizar o desequilíbrio que criei numa vida anterior.

2. *Karma maduro.* Esse é o *karma* que está pronto para fruição nessa vida. Tal fruição irá criar mais *karma* ou será uma oportunidade para a cessação daquela corrente particular de *karma.* Assim, a minha inimizade com um indivíduo pode levar a mais ódio, desse modo prolongando o conflito, ou pode ser resolvido e terminar sem buscar vingança, pelo processamento de meus próprios sentimentos e atitudes de maneira madura. Essa escolha está aberta à pessoa que atingiu um certo grau de autopercepção. O *karma* maduro é dividido em inevitável e evitável. Certos fatores hereditários são inevitáveis, tais como peso e características físicas. A maioria dos tipos de *karma*, no entanto, podem ser modificados quando são misturados às ações cármicas do presente.

3. *Karma em formação.* Esse é o novo *karma* que está sendo constantemente produzido a toda hora e todos os dias de nossa vida. A pessoa que não possui autopercepção mecanicamente produz esses novos desequilíbrios *kármicos,* enquanto aquela que é autoperceptiva traz esta esfera de ação dentro de sua vontade e controle, não sendo mecanicamente dirigida pelos impulsos nem pelas circunstâncias. É através deste *karma* em formação que tecemos nosso destino futuro. É também através da ação presente que pomos fim às correntes de causas e efeitos que vêm do passado.

ALGUNS PRINCÍPIOS DA LEI

C. Jinarajadasa delineou os efeitos gerais de certos tipos de ações no seu livro First Principles of Theosophy. A Figura 13 é uma adaptação.

As ações benevolentes, devido à sua intenção gentil e aos seus efeitos úteis, geram boa vontade nos corações e nas mentes de outras pessoas. Criam um ambiente que é similarmente benevolente àqueles que tenham sido benevolentes. Essa atitude ou predisposição em outras pessoas pode ser inconsciente, mas, mesmo assim, irá manifestar-se no comportamento delas. Assim, às vezes nos ad-

Figura 13: Causas e Efeitos

Ações benevolentes	⇨	Bom ambiente
Ações dolorosas	⇨	Ambiente difícil
Aspirações	⇨	Ideais
Aspirações/Desejos	⇨	Capacidades
Pensamentos sustentados	⇨	Caráter
Sucesso	⇨	Entusiasmo
Experiências	⇨	Sabedoria
Experiências dolorosas	⇨	Consciência
Vontade de servir	⇨	Espiritualidade

miramos de nossa sorte ao sermos gentilmente tratados por outras pessoas, até mesmo pessoas totalmente estranhas. A filosofia oriental nos diz que isso não é acidental. São os efeitos naturais de causas que geramos nessa vida ou em vidas passadas.

As ações dolorosas, por outro lado, criam malevolência consciente ou inconsciente em outras pessoas com relação àquele que as pratica. Assim sendo, não devemos nos surpreender que pessoas recém-conhecidas pareçam exibir atitudes e comportamentos injustos com relação a nós, mesmo que nada tenhamos feito para ofendê-las.

A ação da lei de causa e efeito através de muitas vidas explica a aparente injustiça na vida humana. Somos capazes de ver a tapeçaria maior do destino humano, cujas partes são tecidas por nós dia após dia, vida após vida. Essa compreensão nos traz uma equanimidade quando enfrentamos adversidades que somos incapazes de evitar ou corrigir. Também não ficamos perplexos quando somos beneficiários de gentileza inesperada.

Tendo em mente essa visão de longo alcance, estendendo-se ao longo de vidas, compreendemos agora a verdade da afirmação de que somos verdadeiramente os mestres do nosso destino.

21

Resposta Versus Reação

Quando temos uma crise ou uma situação que requeira decisão, podemos *reagir* a partir do nosso condicionamento, ou *responder* com sabedoria a partir de um nível mais profundo de consciência. Uma *reação* é geralmente rápida e automática, enquanto uma *resposta* interior pode ser lenta ou muito rápida, mas sempre com diligência. Essa lentidão ou rapidez tem uma razão diferente da rapidez de uma reação. A resposta lenta de nossa sabedoria interior pode até mesmo parecer estúpida ou fruto de inteligência inferior segundo um ponto de vista externo. Mas, a longo prazo, e a partir de uma perspectiva mais ampla, é geralmente a mais sábia.

Precisamos estabelecer aqui a distinção que fazemos entre reação e resposta.

Uma *reação* refere-se ao comportamento disparado por um estímulo sobre o padrão *condicionado*, tal como quando automaticamente saltamos ao vermos uma rã ou nos enfurecemos ao pensar em uma pessoa. Um padrão condicionado é disparado, e a reação é automática.

Uma *resposta* é uma ação que surge de uma avaliação mais profunda da situação pela nossa mente superior, com ou sem intuição. A mente superior está livre de gostos e aversões, ou de medo, desejo, atração e revulsão pessoais. Ela avalia as situações baseada em valores ou princípios e em uma perspectiva mais completa, com um mínimo de distorção que surge dos condicionamentos pessoais.

Por exemplo, suponhamos que somos insultados na presença de outras pessoas. Uma reação típica é sentir-nos humilhados, depois surge a raiva, depois talvez a agressão (ou a timidez). Alguns mecanismos foram disparados e as reações são automáticas.

Por outro lado, se não temos nenhum mecanismo (nenhum padrão de reação a um insulto), não haverá raiva nem o sentimento de ser humilhado, embora possamos estar desatentos ao fato de que a outra pessoa está atacando-nos agressivamente. Essa compreensão da ação da outra pessoa é absorvida e compreendida na nossa mente superior ou nos níveis mais profundos de nossa consciência, e acontece uma avaliação não-consciente. O comportamento resultante daquela avaliação interior é o que chamamos de "resposta". Mesmo que tenhamos mecanismos para o insulto – tal como o sentimento de raiva – ainda somos capazes de uma resposta interior, enquanto tivermos percepção da raiva.

HABILIDADE NA AÇÃO

Uma reação é automática e não deliberada. Uma resposta, por outro lado, surge a partir de uma apreciação mais profunda ou de uma avaliação da situação. A resposta pode ser combinada com a habilidade externa ao lidar com a situação.

No exemplo acima a respeito de ser insultado em público por alguém, poderíamos apenas permanecer em silêncio, uma vez que não somos afetados pelo abuso verborrágico. Ou poderíamos decidir dizer alguma coisa que poderia eficazmente lidar com a situação. Dizer algo implica em habilidades interpessoais que envolvem fluência verbal, familiaridade com atitudes e reações emocionais das pessoas e familiaridade com costumes e valores culturais.

Quando estas habilidades externas e interpessoais são combinadas com a avaliação interna, então a nossa resposta tende a ser sábia, pode até mesmo ser rápida, se necessário. A sua ação pode ser mais rápida que uma reação.

As façanhas de alguns praticantes de artes marciais, tais como pegar uma flecha em pleno voo com a mão, ilustram de maneira surpreendente os superpoderes que surgem da resposta rápida a partir dessa avaliação interior e da habilidade exterior. A reação sozinha não irá produzir esta habilidade, já que a reação é muito lenta para isso. A reação move-se a partir de um padrão fixo, e por isso não pode responder bem a situações inesperadas.

A capacidade para responder, em vez de reagir, requer o desenvolvimento de uma personalidade exterior transparente (corpo, emoções e mente inferior) que não obstrua a percepção imediata da situação pela mente superior. A mente superior é capaz de rapidamente sintetizar os aspectos discrepantes de uma situação muito mais rapidamente que a mente lógica. Devido a isso, ela é capaz de responder às situações rápida e eficazmente quando combinada com a habilidade exterior.

O HIATO ENTRE PERCEPÇÃO E RESPOSTA

Como exercício para desenvolver a capacidade diária para a resposta profunda, em vez da reação superficial, devemos estar conscientes de um hiato entre percepção e resposta. O hiato pode ser uma fração de segundo ou podem ser trinta segundos, dependendo da urgência do momento.

Quando um incêndio irrompe, por exemplo, é prudente fazermos uma pausa de uns poucos momentos e tornar-nos perceptivos tanto da situação quanto do nosso estado interior – tensão, medo, confusão, etc. Esses poucos momentos, digamos, cinco segundos, não irão atrasar substancialmente a nossa ação subsequente (a não ser que haja vidas em grande perigo naquele momento), mas eles podem permitir-nos agir com mais sabedoria ao fazermos coisas importantes em vez de reagirmos irracionalmente numa situação de pânico. Já vi pessoas entrarem em estado de choque ao ver um incêndio, tornando-se assim um fardo, mais do que um auxílio, porque outras pessoas têm que cuidar delas. Isso é pura reação descontrolada. Pode-se praticar estar perceptivo do abismo entre percepção e ação de muitas pequenas maneiras na vida diária. Por exemplo, quando o telefone tocar, estar cônscio de qualquer reação automática impensada para correr em direção ao telefone.

Falamos anteriormente a respeito da "meditação do telefone" do monge budista Thich Nhat Hahn ao receber chamadas telefônicas. Ao fazer chamadas telefônicas, ele sugere ainda que o seguinte verso seja lido antes de discar:

As palavras podem viajar milhares de quilômetros;
Elas devem construir compreensão e amor mútuos;
Estou determinado que minhas palavras serão belas como as flores;
Prometo que minhas palavras serão belas como ornamentos.

Cole o poema em algum lugar perto do aparelho para lhe auxiliar a ficar atento enquanto estiver conversando ao telefone.

Podemos inventar muitas maneiras para nos lembrarmos de estarmos perceptivos das reações na vida diária. Uma mãe que fica constantemente irritada quando o banheiro está sujo pode pôr um aviso na porta do banheiro para lembrá-la de ficar perceptiva de si mesma enquanto inspeciona o banheiro; e se lá estiver uma bagunça, que ela se torne perceptiva de qualquer irritação que surja – sem suprimir a irritação, mas tornando-se consciente dela. Esse momento de percepção é o hiato necessário entre percepção e ação.

Quando deixarmos de ser reativos e desenvolvermos as habilidades externas apropriadas, esse hiato deliberado será desnecessário. A ação será então rápida e espontânea, além de mais sábia.

22

Esclarecimento e Integração de Valores

A filosofia de vida de cada pessoa consiste de dois aspectos:

1. Um mapa de realidade – uma compreensão sobre o significado da vida, da natureza e do Cosmos.
2. Uma hierarquia de valores – a percepção de que algumas coisas são mais importantes do que outras.

O filósofo Will Durant escreveu que sabedoria é: "Ver as coisas grandes como grandes, e as pequenas como pequenas". Isso implica, em primeiro lugar, vermos a realidade objetivamente, e não de maneira distorcida; e segundo, sermos capazes de ver a importância relativa das coisas.

O esclarecimento dos valores significa que devemos rever quais valores devem guiar nossas vidas. *Valor* significa aquilo que vale a pena. Se a felicidade vale a pena, então é um valor. Se passar tempo com a família vale a pena, então é um valor. Se jogar futebol vale a pena, então é um valor.

O problema começa quando vemos esses valores se confrontarem, não somente entre si, mas também quando competem pelo nosso tempo e pela nossa atenção. Entre a família e o futebol, qual é o mais importante? Entre a honestidade e ganhar mais dinheiro, o que é mais importante?

Quando não damos tempo à consideração dessa questão, então nossos *valores condicionados* assumem o comando. Subconscientemente eles ditam o que é mais e o que é menos importante. Assim, um pai passa mais tempo com os amigos do escritório após o trabalho do que com sua família, embora quando se lhe pergunte posteriormente sobre isso, ele compreenda que a família é mais importante para ele do que seus amigos.

TIPOS DE VALORES

Há três tipos de valores:
1. Valores universais
2. Valores culturais
3. Valores pessoais

Valores Universais
Os valores universais são estimados por todos os seres humanos devido à natureza intrínseca desses valores ou pela virtude de sermos seres humanos.

A verdade, por exemplo, é estimada pelo que é. Queremos saber a verdade em vez de sermos enganados ou iludidos. Preferimos a ilusão somente quando há medo ou psicopatologia, quando então pomos o valor de se evitar a dor acima do valor da verdade. Mas, mesmo neste último caso, não é porque não prefiramos a verdade à ilusão.

Nós, seres humanos, buscamos a felicidade por causa da nossa composição biológica, psicológica e espiritual. Até mesmo os masoquistas infligem dor a si mesmos porque é daí que tiram felicidade.

Os valores universais são partilhados por todos os seres humanos independentemente de cultura e idade. Esses são alguns dos valores universais:

- Verdade
- Felicidade
- Paz interior
- Amor
- Gentileza
- Justiça
- Respeito
- Coragem e intrepidez

Universalmente, as escolas adotam esses valores. Mas o problema é que as escolas e os professores não os levam a sério. Reconhecem que são frequentemente inviáveis (tal como a honestidade) e quase inatingíveis (tais como a felicidade e a paz interior). Assim, os valores universais são visto como ideais. A sociedade moderna dá evidência ao predomínio dos valores que contradizem estes valores universais.
Examinaremos esse conflito numa seção posterior.

Valores Culturais
Os valores culturais são dependentes das normas sociais, das crenças religiosas e de outras situações ambientais das pessoas. Assim, numa sociedade na qual a taxa de homens em relação às mulheres é de apenas um para dez, a poligamia pode ser legal e ética; se ocorrer o inverso, a poliandria pode ser o costume legal e ético. Em alguns países, o divórcio é permitido, em outros é pecado.

Alguns valores culturais são cruéis, e todavia são tolerados ou até mesmo promovidos pelos membros da comunidade. Durante quase mil anos na China, até antes de 1912, muitas mulheres viam-se na obrigação de amarrar os pés com pano para torná-los pequenos e delicados. Isso resultava na quebra dos dedos e na deformação de todo o pé. Meninas a partir dos três anos de idade podiam estar sujeitas a essa prática cruel infligida pelas suas próprias mães, e sofriam dores severas durante dois anos ou mais. A prática foi proibida quando Sun Yat Sen fundou a República da China. Os valores culturais também mudam com o tempo. O que costumava ser antiético numa geração pode passar a sê-lo na geração seguinte.

Muitas das nossas atitudes e crenças são derivadas destes valores culturais sendo, por isso, consideradas valores. Os valores culturais não são necessariamente bons para a humanidade apenas porque têm aceitação ampla. Precisamos rever tais valores, porque eles podem colorir a maneira como vemos a vida e como nos comportamos. Podem criar conflitos internos e externos.

A tendência para acumular riqueza, por exemplo, é um condicionamento cultural muito forte derivado das medidas sociais de sucesso ou das expectativas da família. Podemos não ter medo ou desejos fortes que nos impilam a acumular, mas subconscientemente, as nossas mentes supõem que é o valor preferido, e porque é uma suposição embutida ou oculta, frequentemente não é questionada. Ela então exerce pressão sobre nós e pode exercer influência excessiva ou até mesmo opressiva em vista de sua validade não questionada. Pode efetivamente rejeitar qualquer decisão que tomarmos para aderirmos aos valores universais.

Assim, uma revisão de nossos valores culturais é uma revisão de nossa filosofia de vida. Poucas pessoas fazem isso deliberadamente, pois essa atitude requer amplidão de conhecimento a respeito da vida e dos afazeres humanos.

Valores Pessoais

Os valores pessoais são valiosos para um indivíduo particular e diferem de pessoa para pessoa. Assim, algumas pessoas podem prezar a arte mais do que ganhar dinheiro e, assim, passam mais tempo pintando, mesmo que isso lhes traga uma renda pequena. Outros podem dar mais valor ao dinheiro do que à arte e assim passam mais tempo comprando e vendendo pinturas do que pintando.

Os valores pessoais são grandemente subjetivos, não sendo éticos nem antiéticos, exceto quando vão de encontro a um dos grandes valores universais. Assim, quer a nossa preferência seja chocolate ou baunilha, ela é subjetiva. Mas comer a carne de um mamífero pode ser considerada uma questão ética, porque nesse caso diz respeito à dor e ao sofrimento causados pela matança de animais para se obter alimento.

É importante compreender que *a paz interior não é possível se os nossos valores pessoais contradisserem um ou mais dos valores universais*. A verdadeira satisfação interior escapa-nos porque não somos capazes de integrar os aspectos superior e inferior do nosso ser.

Se eu cometer uma injustiça com alguém enquanto estou tentando ganhar dinheiro, não terei paz interior. Sentir-me-ei inseguro. Mais importante é que intuitivamente eu sei que é a coisa errada a fazer. Esse senso de ação antiética não surge dos valores culturais, mas se

deve a um senso interior que temos de certo e errado, independentemente de nossa cultura.
Assim, é importante explorar o modo de vida no qual os valores universais estejam em harmonia com os nossos valores pessoais.

SERÃO PRÁTICOS OS VALORES UNIVERSAIS?

Nas nossas palestras, perguntamos ao público que em geral é composto de alguns professores – quem deles acredita que a honestidade é a melhor política. Talvez metade ou menos levante as mãos. Quando perguntamos quantos deles consideram a honestidade prática, geralmente um ou dois ou nenhum levanta a mão.
Estamos aqui face a face com uma contradição fundamental entre nossos princípios e a nossa realidade diária. Parece impraticável ser honesto ou ser verdadeiramente íntegro. Acreditamos que não conseguiremos progredir em nossas carreiras se formos honestos ou se não nos comprometermos com as exigências do ambiente que nos forçam a mentir. Ou não conseguiremos ganhar uma eleição se formos honestos demais. Nem tornar-nos um vendedor bem-sucedido a não ser que exageremos ou adulteremos o produto.
O que há de verdade nesta impressão tão difundida?

PRINCÍPIOS E REALIZAÇÃO

Há muitos anos, li um livro autobiográfico de Joe Girard, que estava registrado no *Guiness Book of World Records* como o Maior Vendedor do Mundo durante pelo menos sete anos consecutivos. Girard era vendedor de carros e caminhões. Às vezes, os clientes dirigiam-se a ele para comprar um tipo especial de veículo que o seu fabricante não produzia. Ele dizia ao cliente que a sua companhia não tinha aquele veículo, mas que existia e que era produto de um outro fabricante (um competidor), e Girard então encaminhava o cliente para o vendedor do competidor. Mas também dizia a ele que se, no futuro, precisasse de alguma coisa, que então telefonasse. E dava o seu cartão ao cliente.

Tal honestidade produzia um forte efeito sobre os clientes em potencial. Pessoas do outro lado do continente perguntavam a Girard se ele lhes poderia fornecer aquilo de que precisavam, e então tinha uma boa chance de concretizar o pedido, porque havia sido honesto com o cliente. Girard não chegou ao topo por meio de mentiras e táticas manipuladoras.

Conheci uma senhora empresária que era uma das vendedoras de material para um enorme projeto de obras públicas nas Filipinas. Os compradores de materiais para as obras públicas descobriram que, entre seus fornecedores, esta senhora era aparentemente a única que não superfaturava nem tinha conivência com outros fornecedores para somar de maneira desonesta seus preços cotados. Com o tempo, os compradores desenvolveram uma confiança tão grande nessa senhora que lhe pediam para lhes ajudar a checar os preços dos itens que estavam comprando. Não é preciso dizer que ela recebeu grandes pedidos desse projeto de obras públicas, simplesmente porque era honesta e de confiança.

Um jovem funcionário público que conheço muito bem pegou o caminho menos usual e estava determinado a não sucumbir à corrupção quando foi eleito prefeito de uma cidade nas Filipinas. Vários grupos vinham até ele oferecendo quantias irregulares de dinheiro se ele apenas concordasse em fazer vista grossa. Repetidas vezes ele cortesmente declinava, até que os sindicatos descobriram que estavam frente a um prefeito extremamente severo com seus princípios. Diferentemente de outros políticos, ele não incluía jornalistas nem o pessoal da mídia na sua folha de pagamentos para assegurar-se de que diriam coisas boas a seu respeito ou permaneceriam silenciosos a respeito daquilo que observassem de errado. Não demorou muito para que as pessoas compreendessem que tinham em seu meio um funcionário verdadeiramente honesto. Eles lhe depositaram sua confiança. Ele ganhava cada reeleição com maioria esmagadora de votos, com poucos fundos de campanha para sustentá-lo. Numa das eleições, ele não teve opositor. Três anos após ter deixado o cargo de prefeito, ele ganhou o Prêmio Ramon Magsaysay (o Prêmio Nobel Asiático) para serviço governamental, o único funcionário a receber tal reconhecimento.

Posso citar muitos exemplos de pessoas que, quando são claras a respeito dos valores e desenvolvem habilidades maduras de gerenciamento e relacionamento interpessoais, sobressaem-se em seus respectivos campos e alcançam níveis que são inatingíveis para pessoas que enganam ou mentem. Existem milhões de políticos, mas somente aqueles com princípios elevados merecem o nome de estadistas. Existem muitos dos assim chamados religiosos, mas somente uma pequena percentagem é chamada de espiritual.

Stephen Covey, no seu best-seller *Seven Habits of Highly Effective People*, observou que os indivíduos verdadeiramente bem-sucedidos são aqueles que são *orientados pelo caráter e pela ética*, em vez de serem orientados pela personalidade e pela ética. As pessoas que se pautam pelo caráter e pela ética têm suas vidas guiadas por princípios em vez de conveniências, pelo que é justo e compassivo em vez de pelo que é egoísta. Os indivíduos orientados pela personalidade e pela ética podem subornar ou mentir para atingir uma determinada meta, mas o seu sucesso será bloqueado pelas muralhas que só podem ser sobrepujadas ao se aderir aos princípios universais. Logo descobrirão que pagaram um preço muito alto pelo seu "sucesso" míope.

OS VALORES NA VIDA DIÁRIA

O teste da natureza prática dos valores universais jaz nas aplicações em nossa vida diária, que iremos investigar agora.

A maioria dos pais mente para seus filhos, e muitos fazem disso um hábito. Por que é necessária a desonestidade para com nossos filhos? Por que não conseguimos sequer ser verdadeiros com as pessoas mais próximas a nós? Muitos pais justificam sua desonestidade dizendo que contam mentirinhas – para o bem de seus filhos. Mas eu me pergunto: o que há de bom em se ter pais em quem não se pode confiar?

Esse é um exemplo típico: o filho jovem aborda sua mãe e pede dinheiro para comprar alguma coisa na loja. A mãe sente que o filho não precisa daquilo, e assim diz que não tem dinheiro. O filho fica desapontado. Quando entra no outro quarto, ele ouve seu pai pedir dinheiro à sua mãe, e a mãe responder: "Pegue na minha bolsa marrom".

Se você fosse o filho, como se sentiria? Como você irá considerar as palavras de sua mãe no futuro? Você acha que a mentirinha da mãe valeu o ressentimento e a desconfiança potenciais sentidas pelo filho?

Parte do problema é que a mãe não compreendeu que lhe era possível dizer não e dar razões sinceras, sem necessariamente criar um ressentimento no filho. Esta opção teria sido menos danosa do que mentir, mesmo que o menino se sentisse desapontado com o "não".

Ser capaz de ser sincero requer a capacidade de se comunicar positiva e sinceramente. Devemos também desenvolver a autopercepção para sermos capazes de enfrentar o desconforto dos nossos sentimentos. Sua amiga vem sorrindo e orgulhosamente lhe mostra o seu último penteado. Ele pergunta: "O que você acha do meu cabelo?" Você acha que não está bom. Aliás, você acha que ela fica feia com esse penteado. O que você irá dizer?

Em muitas culturas é apropriado dizer: "Está ótimo" ou "Está muito bom", mesmo que seja uma tremenda mentira.

Aprendendo a nos comunicar de maneira positiva, podemos ter uma ideia melhor de como dar uma resposta sem fazer julgamentos, falar a verdade sem necessariamente ferir a outra pessoa.

FAZENDO PEQUENOS ESFORÇOS

Na busca pela autotransformação precisamos experimentar as oportunidades diárias para a integração dos valores universais em nossa vida. Devemos fazê-lo compassadamente.

Por exemplo, tente a honestidade básica. Usando as habilidades positivas de comunicação, arrisque-se a ser verdadeiro nas pequeninas coisas do dia a dia. Com essas modestas vitórias, podemos gradualmente descobrir que é mais fácil sermos verdadeiros em muitas coisas na vida diária – com nossos filhos, cônjuges, amigos, nossos iguais, colegas de escritório, etc.

Experimente a justiça e a formosura básicas. Quando nos adiantamos a uma vantagem injusta, podemos descobrir que podemos fazer o sacrifício aparente. Isso também nos faz sentir bem internamente. E assim, com essas pequenas vitórias, descobriremos que não é mais difícil ser justo quando se trata de grandes assuntos. Pratique a gentileza básica todo dia. Diga "obrigado" para as pessoas a quem você geralmente não agradece pelos pequenos favores, como passar o sal. Isso irá gradualmente tornar-se um hábito. Nós nem mais sequer pensamos a respeito. O "obrigado" surge automaticamente de nossas bocas sempre que alguém nos faz alguma pequenina coisa.

ESCLARECENDO OS VALORES PESSOAIS

Para integrar os valores universais em nossas vidas, devemos executar outra tarefa necessária: esclarecer nossos próprios valores pessoais.

Muitos de nós passamos pela vida sem saber que nossos valores pessoais não são realmente nossos. São apenas reflexos das exigências do nosso ambiente: nossos pais, amigos, sociedade, aquilo que as pessoas dizem, etc. Começamos a nos perguntar por que não somos felizes em nossas profissões, ou por que nos aborrecemos facilmente quando estamos fazendo nosso trabalho.

Winnie trabalhou como investigadora legal em um dos melhores escritórios de advocacia do país durante cerca de 20 anos. Quando a conheci, ela disse que estava para se aposentar dentro de dois anos. Vendo que ela ainda era jovem, perguntei-lhe o que planejava fazer após a aposentadoria, pensando que ela fosse estabelecer seu próprio escritório. Ela disse: "Vou abrir uma loja de roupas". Fui pego de surpresa, e não consegui dizer nada durante algum tempo. Perguntei-lhe por quê. Ela disse: "Desde que era jovem, eu sempre quis desenhar e confeccionar vestidos. Agora que estou para me aposentar, esta é a coisa que eu realmente quero fazer".

"Então por que você se tornou advogada?"

"Quando estava para entrar na faculdade, o meu tio disse que não financiaria os meus estudos, a não ser que eu estudasse direito. E eu assim fiz".

Já se passaram mais de dez anos desde aquela noite, e eu nunca mais vi Winnie. Eu sempre me pergunto o que ela sentiu durante os vinte anos em que trabalhou como advogada. Eu me pergunto o que ela estará fazendo agora. Desejo que ela seja feliz na sua nova carreira, fazendo *designs* criativos.

Estaríamos dispostos a dedicar mais de vinte anos de nossas vidas a fazer algo que realmente não amássemos? A falta de esclarecimento dos nossos valores pessoais pode nos condenar a uma vida que não acalentamos, a um trabalho que não nos traz satisfação.

É essencial para cada um de nós esclarecer o que é verdadeiramente significativo em nossas vidas – as coisas pelas quais gostaríamos de viver e até mesmo morrer.

Para nos ajudar a atingir tal esclarecimento, devemos tentar responder a duas perguntas. Para alguns de nós elas podem ser difíceis de responder. Apesar de tudo, faça o melhor que puder. Você pode sempre alterá-las posteriormente. Eu sugiro que você *anote* suas respostas, e que não apenas pense a respeito delas. Escrevê-las irá forçar você a ser específico e a ver a sua atual hierarquia de valores pessoais mais claramente. A primeira pergunta é: *quais são as três coisas que eu gostaria de fazer, realizar ou me tornar antes de morrer?*

Anote-as na ordem de importância.

A segunda pergunta é: *quais são as três coisas que eu gostaria de fazer ou efetuar dentro dos próximos três anos?*

Ao responder a primeira pergunta, você está realmente buscando uma resposta que não vem do seu eu exterior, que é a sua mente lógica ou as emoções. Quando o seu eu exterior responde, você responde de acordo com os valores da sociedade, que podem não ressoar com o seu eu mais interior.

Certamente você deseja que a resposta venha de algum lugar mais profundo dentro de você.

Por esta razão, é importante rever a lista depois de uma semana, depois de um mês e depois de um ano. Veja se as suas respostas ainda são as mesmas. Se nesses momentos diferentes a sua lista for a mesma, você pode estar racionalmente certo de que está ouvindo a resposta do seu eu mais profundo. Se a lista muda, então isso quer dizer que você está ouvindo seu eu exterior.

A sua resposta para a segunda pergunta ajuda a determinar se você vai passar os anos vindouros de maneira significativa. Se o que você for fazer durante os próximos três anos não tiver nada a ver com a sua lista de vida, então decida se você irá fazer as coisas certas durante os próximos três anos ou, por outro lado, se a sua lista de vida precisa ser revisada.

Cheque também se seus valores pessoais estão em harmonia com os valores universais. Se não estiverem, revise-os e veja se, profundamente dentro de você, eles são realmente o que você quer da vida.

INTEGRAÇÃO DE VALORES

A discussão e os exercícios acima constituem o primeiro, mas necessário, estágio na integração de valores e comportamento.

O segundo estágio é a integração desses valores. Duas coisas são necessárias para internalizar valores:

1. Clareza dos valores universais e pessoais: devemos estar convencidos de que os valores universais são válidos e que verdadeiramente vale a pena serem perseguidos, e também que os nossos valores pessoais são claros e sentidos fortemente.
2. Os condicionamentos contrários são neutralizados.
  Os condicionamentos a serem neutralizados são de dois tipos:
   - Físico-emocionais: aqueles que envolvem hábitos e reações emocionais, tais como medos, ressentimentos, etc.
   - Mentais: aqueles moldados pelos valores culturais, tais como a medida do sucesso e do fracasso e a filosofia de vida. Eles criam preferências por estilos de vida, modos de ação, etc. Este aspecto está relacionado a uma revisão do mapa de realidade da pessoa.

Quando o verdadeiro esclarecimento é alcançado e os condicionamentos são compreensivamente revistos, os valores podem ser plenamente integrados em nossas vidas com um mínimo de dificuldade.

23

Integração e Construção de Capacidade

processo de autotransformação inclui um estágio no qual o ego é fortalecido para que seja capaz de lidar com as pressões e ameaças do nosso ambiente. O fortalecimento do ego inclui o que se pode chamar de construção de capacidade, em sentido lato. É o fortalecimento de cada nível da consciência (tal como o desenvolvimento de habilidades e capacidades mentais, emocionais e físicas) e a integração do conteúdo desses níveis de acordo com um conjunto de prioridades.

Quando o ego não é forte, temos a tendência de nos retirarmos, de retrocedermos ou de ficarmos na defensiva. Isso retarda ainda mais o caminho rumo à plena maturidade do indivíduo, porque a autorrealização e a autotranscendência são impedidas por esses padrões de reação autodefensivos.

Vejamos algumas ilustrações desta fraqueza.

RELACIONAMENTOS INTERPESSOAIS

A timidez e a baixa autoestima são exemplos de fraquezas do ego, ou personalidade, que diminuem nossa capacidade geral. Ficamos hesitantes em afirmarmos nossos direitos, ou até mesmo de ousarmos fazer perguntas, inquirir ou esclarecer. A raiz disso é, certamente, o medo. É o resultado dos condicionamentos de nossa infância.

Uma pessoa agressiva e fanfarrona está livre dessa fraqueza, mas a agressão cria suas próprias pressões internas e externas. Por outro lado, a assertividade não está sujeita ao pêndulo da timidez e da agressão. A assertividade é outro nível de interação interpessoal que é eficaz e ao mesmo tempo não produz novos conflitos e aflições.

CAPACIDADE PARA A RESOLUÇÃO DE PROBLEMAS

A vida requer a capacidade para entendermos os problemas e para resolvê-los. Essa é geralmente uma capacidade racional que inclui conhecimento, poder analítico e clareza de pensamento. Alguns de nós parecemos não ter a energia ou o treinamento mental para empreendermos a atividade mental persistente para a resolução de um problema. Em outras palavras, o nosso corpo, ou estrutura mental, é fraco ou não desenvolvido. É essencial que desenvolvamos tal capacidade primeiro porque, se não o fizermos, o resultado será a baixa autoestima que irá posteriormente reforçar a tendência para nos tornarmos tímidos, resultando em futura ineficácia na vida.

Quando as pessoas recorrem a métodos tais como a astrologia para resolver seus problemas, ou a explicações tais como o *karma* e a vida passada como justificativas para o que lhes está acontecendo, elas podem às vezes pensar que superaram seus problemas, mas na realidade estão ainda num estado de maturidade inadequada, buscando um atalho conveniente para as incertezas da vida.

Tenho frequentemente observado, por exemplo, que muitas pessoas recorrem a meios adivinhatórios para fazer frente ou para resolver seus problemas. Preocupo-me não com a exatidão ou falsidade da abordagem do adivinhante, mas com a motivação da pessoa em buscar esse tipo de resposta. A adivinhação é uma maneira fácil de lidar com problemas. As respostas são mais compreensíveis – "A sua tia irá melhorar em três meses" ou "Você encontrará a pessoa que será o seu marido". Mas depender de respostas de uma outra pessoa, adivinhador ou não, é uma abdicação do nosso poder de tomar decisões e da capacidade de guiar a nós mesmos através do nosso próprio futuro ou destino.

PARADOXO

Agora nos defrontamos com um paradoxo aparente: O estágio mais elevado do processo de autotransformação é o altruísmo, mas a construção da estrutura é o fortalecimento do ego. Não estaremos construindo algo que teremos de destruir depois?

O fortalecimento da personalidade é um estágio pelo qual devemos passar antes da transcendência. A fraqueza do ego leva à regressão ao estado fragmentado (que é discutido adiante) em vez de transcender rumo ao estado espiritual.

O psicólogo transpessoal Ken Wilber cita um autor que afirma que oitenta por cento daqueles que se dizem *New Age*, e que dizem buscar o transpessoal, estão na realidade retornando ao pré-pessoal, isto é, estão na verdade regredindo para um santuário defensivo, seguro, como reação à sua incapacidade de lidar com o ambiente social e cultural à sua volta. O próprio Wilber acredita que não mais que um por cento das pessoas do mundo estão no estágio espiritual.

A importância do desenvolvimento desse estágio intermediário pode ser encontrada nos escritos dos clássicos espirituais e de pessoas notáveis.

Há registro de que Gandhi disse que é melhor ser violento do que não violento, devido à covardia. A verdadeira não violência origina-se de uma posição de força e transcendência, e não de fraqueza.

No *Bhagavad-Gita*, Arjuna recusa-se a combater seus primos e prefere ser morto a matá-los. Krishna, o instrutor espiritual de Arjuna, "compreende que aquilo que Arjuna considera sua aversão do ato de matar não se origina da realização espiritual, mas da covardia".[1] Swami Prabhavananda comenta que "Arjuna ainda não alcançara a iluminação espiritual que iria permitir-lhe renunciar à ação. A luta é o seu dever, ditada por seu caráter que lhe foi imposto por suas ações e pensamentos passados".[2]

O clássico espiritual *Luz no Caminho* diz: "Busca no coração a fonte do mal e a extirpa. (...) Somente o forte pode matá-la. O fraco deve esperar por seu crescimento, fruição e morte".[3]

Todas as citações acima exemplificam a necessidade de se passar por um período de construção de capacidade antes que possamos atingir um estágio de transcendência.

ESTÁGIOS NO PROCESSO

Existem três níveis reconhecíveis no processo de autotransformação: fragmentação, integração e transcendência. Esses níveis têm correspondências, mas não são necessariamente idênticos ao que os psicólogos transpessoais chamam de pré-racional, racional e transracional ou pré-pessoal, pessoal e transpessoal. As obras de Wilber discorrem longamente sobre esta distinção, e eu as recomendo ao leitor interessado.

Fragmentação. Esse é um estágio no qual as diferentes partes da consciência funcionam de modo independente e frequentemente em conflito entre si. A faculdade racional ainda não é capaz de integrar os diferentes aspectos da personalidade. Espera-se que, à medida que nos tornemos maduros, essas partes diferentes venham a integrar-se. Em muitos de nós, no entanto, essa integração não ocorre enquanto crescemos, levando àquilo que Wilber chama de dissociação, em vez de diferenciação. A diferenciação é riqueza, enquanto a dissociação é patológica.

Quando existe medo ou mágoa, por exemplo, essas emoções reagem independentemente da razão, podendo subjugá-la. Essas emoções, comportamentos ou tendências podem ser contraditórias entre si. Assim, um pai pode acreditar que ama seu filho, e, no entanto, ser capaz de lhe infligir punição dolorosa. Alguém pode estar convencido de que consultar um médico é importante e, ainda assim, retardar a consulta devido ao medo.

Um sintoma do nível fragmentado é a ineficácia nos nossos afazeres tais como o trabalho, os relacionamentos, a saúde e a paz interior. A ineficácia pode ser penetrante e encobrir quase todas as facetas principais da nossa vida (como no caso do alcoólatra), ou pode ser apenas em uma faceta, tal como no relacionamento conjugal. Isso é causado pelo fato de as estruturas da psique não estarem integradas, e as prioridades e valores não serem claros.

Quando somos fragmentados, é necessário que empreendamos o que é às vezes chamado de programa de construção de estrutura – para fortalecer a integração de nossa personalidade com as nossas faculdades racionais. Os mecanismos como medos, necessidades perniciosas e desejos devem ser processados e neutralizados. A nossa hierarquia de valores e prioridades deve ser esclarecida. A vontade deve ser fortalecida.

Integração. O resultado de um bom programa de construção de estrutura é a integração, que leva à acentuação de nossa eficácia nos afazeres da vida.

O propósito imediato do processo de autotransformação é uma integração assim. Avaliamos que aspectos de nossa vida não estão funcionando bem, e então empreendemos um programa para melhorar esses aspectos. Os métodos que usamos não devem ser paliativos, devendo levar à eficácia permanente. Assim, no relacionamento tenso, "evitar" é uma solução temporária, enquanto que a autopercepção, o ouvir atento e a comunicação efetiva são soluções permanentes. Na insônia, comprimidos são paliativos, enquanto a percepção e a normalização dos nossos estresses irão levar a uma solução duradoura do problema.

A integração nos torna capazes, no sentido mundano. Qualquer que seja o trabalho ou responsabilidade que escolhamos fazer ou aceitar, somos geralmente eficazes e eficientes. Se for uma habilidade que precisamos aprender, não hesitemos em adquiri-la, da melhor maneira que pudermos.

Transcendência. Esse é o estágio seguinte de crescimento, no qual a consciência espiritual e a sabedoria intuitiva desempenham um papel crescente em nossa vida. Surge de nós uma percepção que vai além do racional. Esse é o mais elevado nível de maturidade. O estágio transcendente é em si mesmo caracterizado por múltiplos estágios reconhecidos na literatura mística. Falaremos mais amplamente sobre isso no Capítulo 24.

CONSTRUÇÃO DA ESTRUTURA

A integração envolve a interligação eficiente entre os diferentes aspectos da personalidade e da individualidade superior, tais como:

- Os valores e as prioridades são claros para nós, tanto é assim que quando percebemos o conflito em uma situação, hesitamos pouco para decidir em favor de uma certa direção que será consistente com nossos valores mais elevados, mesmo se

houver sacrifício aparente em termos de necessidades mais básicas como necessidades psicológicas e financeiras.
- Os mecanismos indesejáveis não são mais dominantes. Eles são subservientes à razão superior. Nossa vontade mais elevada é agora superior aos desejos do triângulo inferior da personalidade. Sempre que houver conflito entre a vontade e os desejos ou necessidades, a vontade irá prevalecer com maior frequência, senão sempre.
- A faculdade racional é saudável. Reconhecemos o raciocínio falacioso. Somos capazes de ver os pontos de vista dos outros, quer concordemos ou não. O pensar obscuro é minimizado, tal como usar os sentimentos e a razão para questões que primariamente precisam da razão para serem resolvidas.

No processo de autotransformação, a construção de estrutura envolve os seguintes componentes:

- O processamento da autopercepção: que leva à minimização da tensão, do estresse e dos vários mecanismos condicionados no nosso subconsciente que causam aflição emocional e pensamento confuso.
- Autodomínio: a capacidade de levar a cabo o que é percebido como sendo as escolhas mais elevadas da nossa faculdade racional.
- Relacionamentos eficazes: a capacidade de lidar eficazmente com os conflitos humanos.
- Programa de sete dias: a prática no fortalecimento da vontade sobre os desejos.
- Autoinventário: uma autoavaliação do que funciona e do que não funciona em nossa vida, como um indicador de qual estrutura fortalecer no nosso ego.

ASPECTOS DE INTEGRAÇÃO ESTRUTURAL

O processo de integração envolve coerência interna dentro de uma estrutura (intraestrutural), tal como a razão, e entre estruturas

(interestruturais), tal como entre razão e emoção.
Integração Intraestrutural. O primeiro aspecto da integração se dá no interior de cada nível de consciência. Muitos indivíduos, por exemplo, abrigam crenças contraditórias e não estão sequer conscientes disso, o que fica especialmente evidente quando se trata de crenças religiosas. Muitos de nós acreditamos que Deus é todo-misericordioso, e todavia abrigamos a crença de que existe condenação eterna quando morremos culpados de algum pecado mortal.

Isso se deve geralmente à falta de motivação para esclarecer as questões e crenças intelectuais. É sintomático de uma mente não desenvolvida, de uma capacidade mental fraca. É caracterizado por um baixo nível de energia mental.

Um esforço deliberado para ler, discutir e escrever ajuda a combater tal fraqueza mental.

A mesma fragmentação interna é vista em nossas naturezas emocionais. Nossos humores, tais quais pêndulos, representam os estados emocionais contraditórios que possamos ter na mesma situação ou ambiente.

Integração interestrutural. O segundo tipo de integração se dá entre estruturas. Podemos estar convencidos de que o fumo é prejudicial à saúde e que devemos abandoná-lo (crença mental), e, todavia, o nosso corpo pode ser viciado ao fumo e não conseguimos parar (inclinação física).

Estas contradições interestruturais são comuns à maioria dos seres humanos. Nossos sistemas educacionais geralmente não lidam sistematicamente com esses problemas e com frequência podem até mesmo alimentá-los. O mesmo se aplica à educação dos alunos. Isso porque tanto pais quanto professores abrigam essas mesmas tendências contraditórias dentro de si.

A integração dessas partes fragmentadas da psique envolve primeiramente o reconhecimento do que são – contradições – e depois da adoção de abordagens para torná-las congruentes. Isso acarreta o desaparecimento permanente de uma (ou ambas) tendência ou crença contraditória. Também vincula o fortalecimento da visão ou do comportamento que for mais consistente com a realidade.

Notas:
1. Prabhavananda, Swami, *The Sermon on the Mount According to Vedanta* (New York: New American Library, 1963) p.65.
2. *Ibid*
3. Collins, Mabel, *Luz no Caminho*, (Editora Teosófica, 19??).

24

Transcendência

O mais elevado reino da experiência humana jaz no transcendental. Situa-se além do suspeitar, sentir e pensar. Os termos *místico*, *espiritual* e *transpessoal* referem-se a esse reino. Chegamos a um ponto em nossas vidas no qual experienciamos um vazio ou um anelo que não mais pode ser satisfeito pelas experiências físicas, emocionais ou mentais. A razão não é mais adequada. Aquilo a que chamamos felicidade humana não é mais suficiente. Essa insatisfação é às vezes descrita como descontentamento divino. É uma sede não mitigável até que "cheguemos em casa", à nossa verdadeira origem. Thomas Merton, o famoso místico católico, escreveu: "A angústia espiritual do homem não tem cura senão pelo misticismo".[1]

A transcendência não é uma experiência única que, quando atingida, torna-se permanente. A palavra engloba uma variedade de níveis de realização. A literatura mística refere-se a dois níveis gerais: iluminação e união. É equivalente à realização de *Buddhi* e de *Atma*, ou Iluminação e *Nirvana*. Cada um desses níveis possui subníveis de realização.

MISTICISMO

O misticismo tem sido definido como a busca pela "união com o Absoluto"[2], ou "uma busca espiritual pela verdade ou sabedoria oculta, cuja meta é a união com o divino ou o reino transcendental".[3]

O misticismo, segundo Evelyn Underhill, a famosa autora do clássico *Mysticism*, "não é uma opinião: não é uma filosofia. Não tem nada em comum com a busca do conhecimento oculto". Toda grande tradição religiosa possui o seu elemento místico, frequentemente descrito por meio de um termo característico representando uma tradição distinta com aquela religião. Assim, no Islamismo, é chamado *tasawwuf* ou Sufismo; no Judaísmo é chamado Cabala. No Cristianismo, é geralmente chamado de Cristianismo Místico. No Hinduísmo há muitas escolas místicas, mas as mais populares são o *Raja Yoga* e o *Vedanta*. Essas escolas são geralmente identificadas pelo nome da pessoa que primeiramente expôs seus ensinamentos, tais como Ramana Maharshi pelo *vichara* ou autoinvestigação, e J. Krishnamurti pela percepção sem escolha. O Budismo também possui diversas tradições místicas, tais como o Budismo Tibetano e o Zen-Budismo.

A busca mística é caracterizada por estágios, com subestágios dentro de cada estágio. Escritores ocidentais tais como Evelyn Underhill consideram que os principais estágios são os seguintes:

- Despertar
- Purificação do eu
- Iluminação
- Purificação da alma
- União

O despertar refere-se ao chamado do nosso eu interior quando o descontentamento divino é sentido. É a verdadeira conversão espiritual, não apenas algo que muda de rótulo. Geoffrey Hodson dá ao despertar o nome de "o chamado do alto".[4] No Islamismo é a verdadeira *tawbah* ou conversão, não apenas uma declaração de fé. Sentimos que existe um significado mais profundo para com a vida, diferente da vida mundana dos nossos sentidos. Esse despertar leva a uma busca pelo verdadeiro caminho, o caminho válido que passou pelo teste do tempo e que leva à realização do transcendente. O espírito desperto intuitivamente *sente* o caminho correto, pois sente a insuficiência daqueles caminhos que meramente satisfazem a personalidade. No Sufismo Maometano o caminho é chamado *tariqah*.

A *purificação do eu* é a eliminação dos condicionamentos, desejos e necessidades insalubres do eu pessoal ou do triângulo inferior. Esse é, necessariamente, um processo longo. Quanto mais tarde na vida for iniciado, mais difícil se torna. Já adquirimos tanto lixo que a dor da purificação pode ser intensa. Esse é o início do caminho. As grandes tradições místicas expuseram as diretrizes que lançam luz sobre essa estrada escura. Envolve a autonegação, porque o eu adquiriu muitos desejos e necessidades que são obstáculos à vida espiritual. A autodisciplina da personalidade é necessária nesse estágio. Vemos agora o verdadeiro significado dos assim chamados mandamentos morais ou códigos de ética: os *yama* e *niyama* do *Yoga*, as *paramitas* do Budismo Mahayana, o evitar-se os sete pecados capitais no Cristianismo, as diretrizes em *Aos Pés do Mestre* de J. Krishnamurti, ou as do *Viveka-chudamani* (*A Joia Suprema da Sabedoria*) de Shankaracharya. No Islamismo, o processo de purificação é o real ou grande *jihad* ou guerra santa. É a conquista do eu, que leva aos diferentes *maqams* ou estágios espirituais.[5]

A *iluminação* é o vislumbre de uma realidade maior, do transcendente. Frequentemente se refere a uma súbita experiência de iluminação. É o despertar de *Buddhi* ou *prajña*, a consciência espiritual. No Zen, é a experiência de *kensho* ou *satori*. Pode às vezes manifestar-se numa consciência cósmica plena de vida.[6]

Mas a aurora da consciência mística pode ser gradual e imperceptível. Pode começar com o que H.P. Blavatsky chama de *manastaijasa*, ou mente iluminada por *Buddhi*. À medida que *Buddhi* torna-se parte da consciência do dia a dia, recebe, na literatura cristã, o nome de consciência contemplativa, ou "a presença".

O estágio de iluminação possui seus muitos subestágios, tais como os vários tipos de *Samadhi* no *Yoga*. No Sufismo são os *ahwal* (singular, *hal*), ou estados espirituais.[7]

A *purificação da alma* é o processo de crescimento após a consciência espiritual ter começado a se tornar ativa em nossa vida. Como nos estágios precedentes, esse também possui subestágios e facetas. A psicologia transpessoal moderna e a psiquiatria identificaram várias condições que impedem o processo de crescimento em nossa vida espiritual. A literatura mística clássica, tanto no Oriente quanto no Ocidente, está repleta de diretrizes para esse estágio. São João da Cruz escreveu sobre as "noites escuras" da alma e dos sentidos. O Budismo fala dos dez grilhões que devem ser superados até que nos tornemos um *Arhat* pleno. As iniciações espirituais na literatura teosófica falam desses mesmos grilhões.

A união refere-se à fusão da consciência individual com a consciência divina. É chamada de *fana* no Islamismo e de *Nirvana* no Budismo. Poderíamos pensar que tal estágio fosse a realização final da alma. Mas as diferentes tradições mais uma vez falam de vários graus de união. Assim, afora o *Nirvana* do Budismo, ainda existem o *paranirvana*, ou *Além-do-nirvana*, assim como o *mahaparanirvana*, ou o *Grande-além-nirvana*. No Islamismo, *fana* possui vários graus: *fana' fi ashshaykh* ("aniquilamento no Mestre"), *fana' fiar-Rasul* ("aniquilamento no Profeta"), e *fana' fi-Allah* ("aniquilamento em Deus").[8]

No Seminário de Autotransformação, o autodomínio preocupa-se com a purificação do eu pessoal, enquanto a transcendência está preocupada com a purificação da consciência mental superior e com a preparação para o despertar dos níveis mais elevados de consciência.

Notas:
1. *Encyclopaedia Britannica*, "Mysticism", Britannica CD 2000 Deluxe Edition.
2. Underhill, Evelyn, *Mysticism* (New York: E.P. Dutton, 1961), p.72.
3. *Encyclopaedia Britannica*, "Mysticism", Britannica CD 2000 Deluxe Edition.
4. Hodson, Geoffrey, *Call to the Heights* (Wheaton, IL: Theosophical Publishing House, 1975).
5. *Encyclopaedia Britannica*, "Maqam", Britannica CD 2000 Deluxe Edition.
6. Bucke, Richard, *Cosmic Consciousness* (New York: E.P. Dutton, 1969).
7. *Encyclopaedia Britannica*, "Hal", Britannica CD 2000 Deluxe Edition.
8. *Op. cit.*, "Sufism".

25

Vendo o Que É

*D*urante o Seminário de Autotransformação é mostrado aos participantes o desenho de um objeto provocante, tal como uma arma de fogo, projetada sobre uma parede ou tela. Pergunta-se-lhes o que vem às suas mentes ou quais são suas reações. As respostas típicas são violência, morte, sangue, medo, ameaça e poder. Após terem dito suas reações, nós lhes dizemos: "Vocês chegaram a pensar que isso é um pedaço de pano [a tela] sobre o qual sombras estão sendo lançadas? Quando vocês reagem com medo, ansiedade, ou pensam em morte e sangue, vocês estão reagindo não *ao que é*, mas às associações que dão ao que veem. Vocês estão, portanto, realmente reagindo às suas lembranças, e não ao que vocês veem. Naquilo que vocês veem, que são as sombras e um pedaço de pano, não há violência, não há ameaça, nem morte. Portanto, não vemos *o que é* na nossa vida diária. Consequentemente, vemos nossas lembranças".

Ver o "o que é" deveria ser o mais simples dos fatos. Na prática, é extremamente difícil. Aliás, é uma das coisas mais difíceis de se fazer na vida, porque não conseguimos evitar ver senão com as nossas mentes condicionadas. Sempre que reconhecemos alguma coisa, a vemos de acordo com o rótulo, o propósito ou a função daquele objeto, baseados no modo como aprendemos.

Uma cadeira jamais é aquela "coisa" ali. Quando a vemos, é sempre uma cadeira com funções, motivos e graus de conforto. A mesma coisa acontece quando vemos nosso marido, esposa, filhos, ou quando vemos palavras, edifícios, etc. Até mesmo com um objeto que jamais vimos anteriormente, tentamos classificá-lo ou compará-lo de acordo com o que conhecíamos de antemão.

Essa faculdade do intelecto é muito útil. Ela nos permite navegar eficazmente tanto através do mundo natural quanto no mundo social. Mas essa capacidade tem suas desvantagens. Ela é também a nossa prisão. Quando o rótulo e as associações de objetos são estabelecidos na mente, desenvolve-se um automatismo que, quase sempre, não nos permite ver fora das associações. Assim, para alguns de nós, uma seringa deve sempre ser evitada, pois é dolorosa. Dificilmente nos ocorre que pode ser uma bênção, pois é a melhor maneira de trazer o remédio rapidamente para dentro do corpo.

O problema surge quando o objeto une-se a algumas reações emocionais como prazer ou dor, gosto ou aversão, atração ou repulsa, amor ou ódio. É tremendamente difícil livrar-nos de tal aprisionamento nas nossas percepções. Vemos apenas o que é apresentado pela nossa reação intensa. Não mais conseguimos ver a coisa como ela é.

Aquilo que chamamos de autorrealização, maturidade espiritual e perfeição necessitam todas ser transformadas nessa capacidade para vermos as coisas além das nossas estruturas condicionadas de percepção. É ver as coisas como são, independentemente de gostarmos ou não, de apreciarmos ou não, de precisarmos ou não. Significa, então, que devemos ser capazes de ver esse padrão de reação; de outro modo, não seremos capazes de nos libertarmos dele. Só podemos libertar-nos de alguma coisa quando vemos o que é que nos aprisiona.

Para vermos as muralhas dessa prisão abstrata, devemos cultivar uma sensibilidade que pode observar os movimentos de nossas experiências subjetivas – pensamentos, motivos, sentimentos e ideias. Devemos ser capazes de vê-las sem julgamento, pois o julgamento é, em si mesmo, uma daquelas coisas que precisamos observar.

Os pensamentos, as lembranças e as associações não permitem que vejamos as coisas como elas são. Portanto, ao explorarmos esta capacidade, devemos ser capazes de observar nossos pensamentos enquanto olhamos. No fim, isso desenvolve a qualidade do desapego mesmo quando reconhecemos o valor de uma coisa aos olhos do mundo.

Evelyn Underhill refere-se a essa capacidade como sendo possuidora do "Olho Simples".[1] J. Krishnamurti chama isso de "percepção sem escolha", uma percepção que simplesmente olha sem julgar, rotular, escolher ou identificar. Ver com o olho simples não significa perder a capacidade de rotular ou de lembrar as associações. Certamente a capacidade do intelecto de assim proceder é útil. Não conseguiríamos retornar do trabalho para casa sem essa capacidade; nem poderíamos reconhecer nossa esposa ou filhos. Porém, ao sermos capazes de ver as coisas como são, não somos aprisionados por esse nível comum de percepção cognitiva. Somos capazes de ver as coisas não meramente em um nível, mas em múltiplas camadas de realidade.

A NATUREZA ILUSÓRIA DA PERCEPÇÃO

Quando refletimos sobre nossa percepção das coisas, torna-se evidente que o que estamos vendo possui uma natureza ilusória. Uns poucos exemplos podem bastar:

- As coisas aparecem para nós do modo como aparecem pelo fato de estarmos equipados com instrumentos visuais (nossos olhos) que percebem o espectro de cores, do vermelho ao violeta. Essa faixa de ondas luminosas do vermelho ao violeta é apenas uma parte minúscula de uma extensão muito ampla de todo o espectro eletromagnético que inclui o infravermelho, o ultravioleta, os raios-x, os raios cósmicos, as ondas de radio e os raios gama – todos invisíveis para nós. Se os nossos olhos pudessem ver na faixa dos raios-x, estaríamos vendo os ossos e os órgãos em vez de a pele e as roupas. A beleza não mais seria medida em termos de características faciais, mas em termos das formas ósseas mais atraentes.
- A escala de nossa visão determina também nossa apreciação de um objeto. Por exemplo, vemos uma pele "macia" porque vemos numa escala que nos torna virtualmente cegos às irregularidades das células epiteliais. Se a nossa visão fosse mi-

croscópica, como o olho de uma mosca, o que veríamos seriam os pelos, as secreções oleosas, as bactérias sobre a superfície, ou os buracos na pele.
Pensaríamos duas vezes antes de beijar essas coisas.

Mas a natureza ilusória de nossa percepção não está limitada aos sentidos físicos. Ela se estende às sutilezas da interpretação emocional e mental das coisas. Da mesma maneira como a nossa percepção visual está limitada a uma certa extensão, também a maneira como "sentimos" e "pensamos" a respeito das coisas também está limitada dentro de certas faixas, de acordo com os nossos instrumentos emocional e mental. A realidade está muito além dessas faixas limitadas.

Ver as coisas como são é um tema que tem recebido a atenção da psicologia desde o tempo de Sigmund Freud. Na psicanálise, Freud encoraja uma atenção livre de flutuação, que não está focada. Ao concentrar nossa atenção, a mente tende a seguir a inclinação de nossas expectativas e assim não vê as coisas como são. Aqui está uma afirmação interessante de Freud:

> Se as expectativas de uma pessoa são seguidas nessa seleção há o perigo de jamais encontrar coisa alguma além do que já é conhecido, e se a pessoa segue a sua inclinação, qualquer coisa que seja percebida será muito provavelmente falsa.[2]

Note o surpreendente paralelismo desta afirmação com o tema recorrente nas falas de J. Krishnamurti:

> A mente . . . funcionou sempre dentro do campo do conhecido. Dentro desse campo do conhecido nada há nada novo. . . . Para abordar essa questão, devemos ser tremendamente cuidadosos porque, se pusermos a questão com um motivo, porque queremos certos resultados, o motivo dita a resposta. Portanto, devemos pôr a questão sem motivos, sem qualquer benefício; isso é algo extraordinariamente difícil de se fazer.[3]

A totalidade do nosso condicionamento é o conhecido, e esse condicionamento pode ser quebrado, mas não através da análise.[4] Comentando a respeito do ponto de vista de Freud, Abraham Maslow declarou:

> Freud recomenda a observação passiva e não a ativa sob a alegação de que essa última tende a ser uma imposição das expectativas sobre o mundo real. Tais expectativas podem sufocar a voz da realidade, se forem suficientemente fracas. Freud recomenda que sejamos condescendentes, humildes, passivos, interessados apenas em descobrir o que a realidade tem para nos dizer.[5]

Maslow adverte ainda contra "rubricar" aquilo que percebemos – classificando, catalogando, engavetado, ou estereotipando – em vez de ver as coisas na sua forma natural e única. "Rubricar a percepção . . . é um convite ao erro".[6]

Notas:
1. Underhill, Evelyn, *Practical Mysticism* (New York: E.P. Dutton, 1915), p. 37.
2. Freud, Sigmund, *Collected Papers*, Vol. II, citado em Braham Maslow, *Motivation and Personality* (New York: Harper & Row, 1970), p. 207.
3. Krishnamurti, J., *Collected Works*, Vol. 17 (Dubuque, IA: Kendall/Hunt, 1922), p. 35.
4. *Ibid.*, p. 208.
5. Maslow, Abraham H., *Motivation and Personality* (New York: Harper & Row, 1970), p. 207.
6. *Ibid.*, p. 210.

26

Meditação

A meditação é a maneira já consagrada pelo tempo de se chegar à exploração interior de nossa consciência. Ela nos ajuda a descobrir as muralhas sutis da prisão de nossa mente que não nos permitem ver a realidade como ela é. É a passagem para a descoberta do verdadeiro eu.

O termo *meditação* é usado para uma ampla gama de práticas. Devemos ser capazes de distinguir a meditação espiritual – ou meditação clássica – do restante.

Por exemplo, o Método Silva, de José Silva, é chamado de meditação, mas é diferente da meditação espiritual. O Método Silva envolve o recondicionamento do triângulo inferior. Permite a uma pessoa relaxar facilmente ou atingir o estado alfa de atividade cerebral.

A meditação espiritual, no entanto, está preocupada com a realização mais ampla do triângulo superior. Para conseguir isso, a pessoa que medita tenta serenar o triângulo inferior.

Pode-se também fazer esta observação a respeito da Meditação Transcendental e da Resposta Relaxamento já que são popularmente praticadas. Esses métodos têm demonstrado sua utilidade e eficácia em produzir mudanças na personalidade. Podem ser usados em conjunção com a meditação espiritual, mas são diferentes desta.

MEDITAÇÃO ESPIRITUAL

A meditação espiritual assume uma filosofia ou uma perspectiva de segundo plano que questiona as suposições da vida do modo como é vivida pela média das pessoas. Vê o mundo, no seu aspecto mundano, como nada mais que uma camada exterior de uma realidade mais vasta. O lado mundano deste mundo é frequentemente caracterizado por conflitos que levam à mágoa e à dor. A meditação espiritual não busca escapar desse mundo, mas sem dúvida busca transcendê-lo.

O que vem a seguir é uma descrição da prática da meditação espiritual.

A meditação busca o despertar da consciência transcendente, precedido de uma série de preparações que tornam possível ir além da personalidade, isto é, dos níveis físico, emocional e mental da consciência. Tal meditação não está primariamente envolvida com imagens, visões ou vozes. Onde há imagem, formas, objetos reconhecíveis ou cores, ainda se está no reino dos pensamentos concretos. A meditação busca transcender essas coisas.

O objetivo da preparação é permitir ao triângulo inferior, o triângulo da personalidade, serenar. Após serem efetuadas as preparações preliminares (corpo, emoções, percepções sensoriais, etc., que são discutidas adiante), os passos mais elevados rumo à tranquilidade interior envolvem o seguinte:

Concentração. Esse estágio sistematicamente disciplina a mente, condicionando os seus hábitos. O uso de mantras é uma das maneiras de se disciplinar a mente. Um mantra, ou uma palavra escolhida, é usado como âncora. Pela sucessiva repetição mental, geralmente seguindo o ritmo da inspiração e da expiração, a mente é disciplinada a ignorar as coisas diferentes do mantra, desenvolvendo assim uma atitude de desinteresse gradual por coisas estranhas, não escolhidas por aquele que medita.

A concentração é um passo necessário no *Raja Yoga* como descrito nos *Yoga Sutras* de Patañjali. A contagem da respiração no Zen é um outro exemplo deste estágio disciplinar.

Percepção. Esse estágio envolve a observação dos movimentos da mente, incluindo sentimentos, reações e ideias, assim como a origem desses movimentos. A percepção produz calma no triângulo da personalidade, liberando assim a consciência para se tornar perceptiva dos reinos mais sutis. Exemplos dessa abordagem seriam a "percepção sem escolha" de Krishnamurti, a diligência, da meditação budista, e *vichara* ou meditação de autoinquirição de Ramana Maharshi.

A meditação envolve uma percepção não forçada do conteúdo de nossa consciência. Na concentração, há uma luta entre a intenção daquele que medita e os hábitos condicionados da mente. Na meditação, esta luta cessa, e a consciência mantém uma percepção ininterrupta do que quer que esteja na mente.

O processo meditativo entra então nos reinos de *Samadhi* quando o centro de consciência, o observador, perde sua separatividade do objeto de sua atenção. A parede que separa o objeto desaparece. Essas duas abordagens são usadas pelas pessoas que meditam. No fim, no entanto, toda meditação leva ao estágio de percepção. A concentração ou outros métodos de disciplinar a mente são apenas preparações para a meditação perceptiva.

PREPARAÇÕES PARA A MEDITAÇÃO

Uma abordagem clássica à meditação é esboçada nos *Yoga-Sutras* de Patañjali, escritos há cerca de 2500 anos. Apesar da concisão dos aforismos, o tratado contém talvez o mapa mais compreensível da consciência transcendental. Até o dia de hoje permanece como o texto mais proeminente sobre o assunto.

Uma parte valiosa dos *Yoga Sutras* relaciona-se com as preparações necessárias para a realização de *Samadhi*. Patañjali delineia os sete estágios de preparação, que culminam no oitavo, *Samadhi*, caracterizado pela *cessação das modificações da mente*. Cada um dos sete estágios diz respeito a aspectos específicos de nossa natureza que não nos permitem atingir *Samadhi* e despertar *prajña*, ou consciência intuitiva. Uma visão geral dessas preparações é útil aqui (veja Figura 14).

1. Restrições (*yama*). São os cinco comportamentos que finalmente contribuem para a integração e ausência de conflitos psicológicos internos: *não mentir, não praticar violência, não roubar, não praticar sensualidade, não possessividade*. Os seus opostos são os comportamentos que têm raízes nas necessidades e nos desejos psicológicos que automaticamente perturbam nossa mente.

2. Observâncias (*niyama*). São as cinco atitudes ou qualidades da mente que finalmente levam à autotranscendência: *pureza, contentamento, simplicidade, autoestudo e autoentrega.*
3. Postura apropriada (*asanas*). Ao entrar no silêncio meditativo, o nosso corpo deve estar pronto e confortável de modo a não se tornar uma fonte de perturbações. A melhor postura para a meditação é provavelmente a posição do lótus pleno. Outras posturas alternativas são a postura do meio-lótus, a postura sentada, e a postura com os joelhos dobrados.
4. Controle da energia vital (*pranayama*). Essa energia vital, chamada *prana* ou *chi*, circula por todas as partes do corpo o dia inteiro. Quando não regulada, pode ser fonte de perturbação na mente. O controle da energia é feito pela regulação de nossa respiração. Notamos que a inspiração e a expiração produzem efeitos nos pensamentos. Por isso, a eventual diminuição da atividade respiratória durante a meditação resulta em um estímulo mínimo dos pensamentos a partir da atividade *prânica*.
5. A retirada dos sentidos (*pratyahara*). A mente é então retirada das informações dos sentidos. A recepção de luz, sons e outros estímulos sensoriais pelos nossos sentidos não pode ser evitada. É automática. Mas a percepção dessas informações sensoriais pode ser retirada pela mente. Assim, quando lemos um livro que absorve a nossa atenção, podemos não notar uma porta que acaba de bater ou os carros que estão passando. Os ouvidos continuam a receber sensações, mas a mente não está entretida nelas, isto é, a mente retirou-se dessas sensações. A retirada dos sentidos refere-se ao ato de a consciência retirar-se de todas essas informações sensoriais.
6. Concentração (*dharana*). Significa focar a mente sobre o objeto escolhido. Isso treina a mente a permanecer sob a direção da vontade da pessoa que medita. A mente da pessoa comum é escrava dos estímulos externos e dos condicionamentos psicológicos. Ela pensa de acordo com essas circunstâncias. A concentração é uma prática que regula esta tendência indisciplinada.

Figura 14: Estágios da Meditação

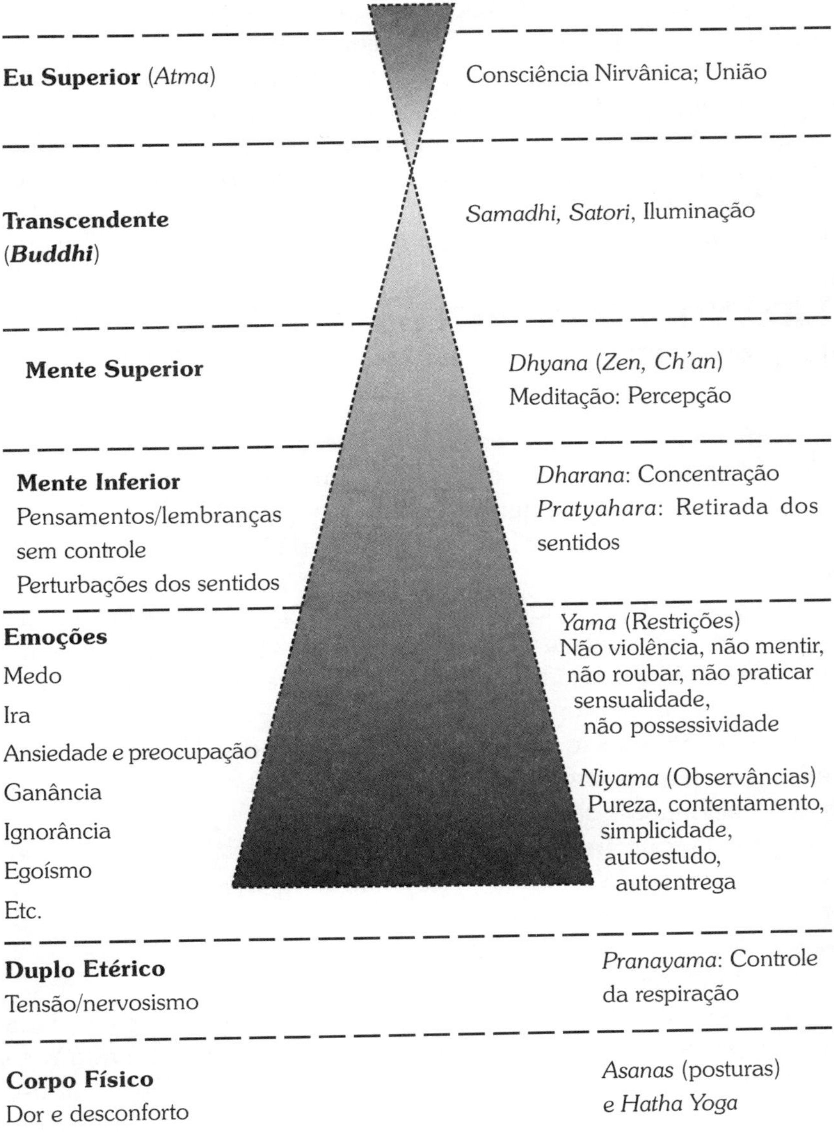

Eu Superior (*Atma*) — Consciência Nirvânica; União

Transcendente (***Buddhi***) — *Samadhi, Satori*, Iluminação

Mente Superior — *Dhyana* (Zen, Ch'an) Meditação: Percepção

Mente Inferior
Pensamentos/lembranças sem controle
Perturbações dos sentidos

Dharana: Concentração
Pratyahara: Retirada dos sentidos

Emoções
Medo
Ira
Ansiedade e preocupação
Ganância
Ignorância
Egoísmo
Etc.

Yama (Restrições)
Não violência, não mentir, não roubar, não praticar sensualidade, não possessividade

Niyama (Observâncias)
Pureza, contentamento, simplicidade, autoestudo, autoentrega

Duplo Etérico
Tensão/nervosismo

Pranayama: Controle da respiração

Corpo Físico
Dor e desconforto

Asanas (posturas) e *Hatha Yoga*

7. Meditação (*dhyana*). A fixidez ininterrupta da consciência sobre o seu objeto é meditação. Embora a concentração envolva uma disciplina forçada, a meditação fixa-se naturalmente sobre o objeto sem estar distraída ou perturbada.
8. *Samadhi*. Ocorre quando cessa a distinção entre o objeto e a pessoa que medita. Agora somente o objeto permanece.

O que foi exposto acima é apenas um esboço dos oito estágios. Recomendo uma pesquisa mais profunda do processo pelo estudo dos *Yoga-Sutras* com a ajuda de comentários, tais como os do Dr. I.K. Taimni no seu livro *A Ciência do Yoga*.[1]

LIDANDO COM OS PENSAMENTOS NA MEDITAÇÃO

A meditação busca atingir um estado de percepção que não é absorvido nos processos do pensar. É um estado de existência, em vez de pensamento, no qual a matéria mental maleável (*citta*) cessa suas modificações quase infinitas. O Yoga dá a esse estado o nome de *samadhi*.

Na estrada que conduz a tal estado, encontramos várias condições mentais que eficazmente tornam-se obstáculos à cessação das modificações de *citta*. Precisamos estar perceptivos destes estados intermediários e aprender como lidar com eles.

Nas seções abaixo, tenha em mente que o estado final que buscamos é a pura percepção sem conteúdo – pura objetividade, que é não direcionada e sem esforço.

Abordagens Iniciais. Cada vez que entramos em meditação, é essencial que observemos o estado de nossa mente. Ela está cheia do tumulto que acontece durante o dia? Está tranquila? Está estressada? A abordagem meditativa que será útil depende às vezes desses estados iniciais.

Por exemplo, quando a mente e o corpo estão tensos e ainda vacilantes pelos problemas do dia, uma abordagem via *Mantra Yoga* pode ser útil apenas para acalmar a mente. Essa abordagem faz uso de palavras ou pontos focais que permitem à mente demorar-se em uma única coisa, em vez de ser arrebatada por pensamentos salteadores. A palavra ou palavras constitui o foco ouvinte, e o foco visual pode ser qualquer ponto ou atividade espacial.

Recomendo que se comece a meditação com a repetição de uma palavra de duas sílabas tais como *Soham* ("Aquilo sou eu"), *Hamso* ("Eu sou aquilo") ou seus equivalentes em português. Você também pode dizer "Um-Dois". Siga o padrão da sua inspiração e expiração. A primeira sílaba é proferida mentalmente quando você inspira, e a segunda quando você expira. A respiração permanece normal. Ao mesmo tempo, ponha o foco da sua mente sobre um ponto em algum lugar na sua cabeça, tal como a área entre as sobrancelhas. Faça isso mecanicamente até que seus pensamentos retirem-se de eventos e preocupações. Uma área espacial alternativa para o foco é a sua inspiração e expiração.

Pode-se também usar a repetição de uma palavra de uma sílaba tal como *"Om"*. Mentalmente recite a palavra durante a exalação. Observe os pensamentos que ocorrem em meio à recitação da palavra. Palavras alternativas podem ser "Mu" (significando "nada") ou "Um".

Pensamentos. Ao lidar com os pensamentos, é útil reconhecer os vários níveis do pensar, que são:

- Imagens e sons
- Pensamentos abstratos
- Intenções

Imagens e sons. O primeiro grupo consiste em pensamentos grosseiros. Observe-os até que se acalmem naturalmente. O matraquear mental pertence a essa classe.

Pensamentos abstratos. Quando cessam a série de imagens e o matraquear da mente, você precisa estar perceptivo dos pensamentos sem forma. Refiro-me aos pensamentos abstratos que são sutis, mas imperceptivelmente rápidos em seus movimentos. O reconhecimento de coisas, objetos ou conceitos é um movimento nesse nível. Isto é, no instante em que reconhecemos alguma coisa, tal como uma cadeira, mesmo que não a chamemos de cadeira ou a identifiquemos verbalmente, já existe um movimento sutil na mente. Fique cônscio de que o processo de nomear, reconhecer e julgar de modo sutil está ocorrendo o tempo todo. A percepção tende a diminuir esta atividade automática. Tornamo-nos perceptivos do espaço entre estes pensamentos.

Intenções. Um tipo especial de pensamento abstrato é a intenção. As intenções parecem emanar de lugar algum – surgindo subitamente no campo da consciência. Nós pensamos que voluntariamente escolhemos essas intenções, até descobrirmos que elas simplesmente aparecem sem que as desejemos. Observamos, aliás, que é ilusória a crença de que as intenções são voluntárias.

Por trás de tudo isso está a energia que perpassa a consciência – ou talvez constitua a consciência. A energia não é distinguível da consciência. Quando a energia desaparece, a consciência também obscurece e desaparece. Tornamo-nos sonolentos ou inconscientes.

Quando essa energia permanece, há percepção. O objeto de meditação deve manter essa percepção sem ser edificado com nenhum dos seus conteúdos – pensamentos, motivos, percepções, etc.

O Eu. Finalmente, a consciência pode entrar em um estado de pura subjetividade, destituída de intenções, reconhecimento, preferências e nomeações.

Esse estado pode ser facilmente perdido pelas mais leves percepções dos nossos sentidos ou pelos mais débeis fragmentos de nossas lembranças. Gradualmente, por meio da prática, aumenta a extensão de tempo que esse estado pode ser mantido.

Esse estado é como um solo rico, onde a germinação ou gestação ocorre invisível sob o solo. O processo contemplativo continua de modo imperceptível, levando ao surgimento de um substrato sutil de consciência que permanece mesmo durante os períodos não meditativos. É a "presença" de que falam os místicos, o surgimento de *prajña*, ou a consciência *Búdica*.

Esse substrato de consciência é um desenvolvimento significativo na prática, porque é o elo entre o transpessoal e o pessoal na nossa vida diária. Aliás, é o surgimento do transpessoal na vida diária.

O que quer que esteja acontecendo – enquanto estamos trabalhando, pensando, lendo, sentindo, reagindo – esse substrato é uma testemunha não participativa, mas influenciadora. Ele influencia porque, pela sua simples presença, evita que aconteçam coisas prejudiciais, tais como tensão, emoções reprimidas e reações automáticas.

Aridez. Haverá momentos em que, aparentemente, nada estará ocorrendo durante a meditação. Não devemos presumir que nada esteja *realmente* acontecendo. A meditação, como mencionamos acima, é como plantar uma semente sob o solo. Nós a regamos todos os dias, e ainda assim nada parece estar acontecendo na superfície. Porém, sob o solo, invisível, a semente está germinando e brotando. Um dia, surge um botão, de maneira silenciosa, lenta, e imperceptivel, que finalmente se torna uma árvore exuberante.

OS EFEITOS AUTOTRANSFORMADORES DA MEDITAÇÃO

A prática regular da meditação exerce um efeito cumulativo sobre nossa consciência, caráter e personalidade.

Em primeiro lugar, ajuda a expandir o campo de nossa percepção periférica, aqueles conteúdos e percepções do campo da consciência atual que estão fora do nosso campo de atenção e percepção. Essa percepção periférica começa a se tornar parte da nossa percepção. O efeito é interativo, isto é, os conteúdos e as percepções da percepção periférica não permanecem como elementos independentes da consciência que poderiam eventualmente resultar em aflições e conflitos psicológicos. Se nos tornarmos perceptivos dos desconfortos sutis, permaneceremos com a experiência do desconforto até que este seja resolvido, seja através do processamento seja através da razão, mas não através da repressão.

À medida que o campo da experiência periférica expande-se para níveis mais sutis, tornamo-nos perceptivos não apenas dos sentimentos ou desconfortos, mas até mesmo dos pensamentos, motivos, atitudes, preconceitos ou preferências que reagem automaticamente às percepções ou aos estímulos. Isso é bom. Eles são parte dos condicionamentos que carregamos dentro de nós mesmos. Essa expansão de nossa percepção acelera a dissolução dos mecanismos no nosso subconsciente, sendo assim uma parceira de trabalho no processamento da autopercepção ao lidarmos com a fragmentação do eu inferior.

Percepções, reconhecimentos ou estímulos podem ser comparados a uma bola de pingue-pongue que entra no campo da consciência. Quando o campo da consciência periférica é estreito, a bola imediatamente atinge as paredes do subconsciente, com todos os seus mecanismos, quicando imediatamente, isto é, trazendo à tona reações automáticas e imediatas. Esse é um salto que não foi premeditado nem processado, portanto não resulta de uma reflexão madura.

Quando, no entanto, o campo da percepção periférica se aprofunda, acontece uma sequência de eventos diferente. A bola de pingue-pongue vai mais além antes de atingir alguma parede, e assim desacelera. Se ela atingir qualquer coisa que seja, o quique será menos forçado. Se não atingir parede alguma, ela simplesmente desacelera até parar, e lá flutua até se dissipar. Quando a percepção periférica é suficientemente profunda, a chegada da bola de pingue-pongue é percebida por uma camada mais profunda de nossa consciência – a mente iluminada (*manasa-taijasi*) ou o próprio *Buddhi*. A percepção pela mente iluminada, ou pelo *Buddhi*, resulta em uma compreensão que leva a uma resposta sutil que é agora transformada em ação pela personalidade (que compreende que os triângulos superior e inferior estão ininterruptamente integrados).

Em segundo lugar, a prática da meditação abre o canal entre a consciência cerebral e a consciência transpessoal. Na pessoa comum, esse canal é ocupado pelo ego ou eu pessoal, com todas as suas ligações com o subconsciente. Pouca coisa dos níveis mais sutis consegue descer para os níveis mais grosseiros. O ego, com toda a sua insegurança, quer assumir o controle.

Ao criar uma percepção periférica mais ampla, a meditação expande esse canal ou ponte e, ao mesmo tempo, esvazia o ego. Isso permite que a luz da consciência superior filtre-se para o interior de nossa mente de vigília comum. À medida que cada vez mais processamos as preocupações do ego, ele se torna menos espesso e mais transparente, tornando-se cada vez menos uma obstrução à luz que desce, oriunda dos reinos superiores. No *Yoga*, isto é descrito como o estado de *samapatti*, quando o eu é semelhante a uma joia transparente, que não mais distorce as realidades circundantes. Patañjali diz que, com isso, acontece o alvorecer da luz espiritual em nossa consciência.

SAMADHI E ILUMINAÇÃO

O *Samadhi*, um aspecto especial da meditação, precisa ser abordado em vista da imprecisão que geralmente obnubila qualquer apreciação a respeito.

O *Samadhi* é geralmente equiparado à iluminação em muitos escritos.

Isso não é exato. A iluminação é uma forma de *Samadhi*, mas nem todos *Samadhis* são equivalentes à iluminação. Da mesma maneira, *samadhi* e *satori* não são sinônimos no Zen.

Samadhi, como um termo usado por Patañjali nos seus *Yoga Sutras*, é caracterizado pela *ausência do observador* em relação ao objeto de atenção. Fora desse estado pode haver o surgimento de *prajña* ou conhecimento intuitivo. O que é normalmente compreendido como iluminação é a presença de *Samadhi* mais *prajña*. *Prajña* é o *insight*, ou conhecimento da consciência de *Buddhi*, ou espiritual.

O *Samadhi* envolve uma mudança estrutural na consciência, mas a iluminação envolve um despertar intuitivo: o despertar de uma faculdade de percepção transcendente que nos permite ver as coisas como são.

Não é necessário que o *Samadhi* ocorra antes que a luz de *prajña*, ou conhecimento intuitivo, filtre-se para o interior de nossa mente comum. Quando os *insights* dessa faculdade superior, ou *Buddhi*, filtram-se para o interior da mente abstrata, pode-se dizer que a própria mente está iluminada – a *Manas-taijasi*, ou "mente radiante".[2]

INTUIÇÃO

É lamentável que a palavra intuição tenha se tornado sinônima de palpites e percepção extrassensorial. A verdadeira intuição não é nada disso, embora em sua manifestação ela possa fazer uso dessas outras faculdades da psique. Intuir é ver transcendentalmente. É difícil explicar e definir para aqueles que pensam principalmente em termos de utilidade, pragmatismo, efetividade mundana e pontos de vista similares. É como viajantes que caminharam e caminharam rumo ao topo de uma montanha, apenas para descobrir que mesmo ainda não estando no topo, já "chegaram". Para dizer a verdade, jamais estiveram distantes da meta. Aliás, jamais houve meta alguma. É provável que essa analogia seja mal entendida pela mente. Mas isso não pode ser evitado, porque a mente funciona à sua maneira – pensando em termos de objetivos lineares, propósitos, objetos e coisas tridimensionais. A analogia ilustra que a intuição nada tem a ver com telepatia, clarividência ou palpites pragmáticos, tais como sentir que poderia chover e assim pegarmos o guarda-chuva quando sairmos, muito embora o sol esteja brilhando.

Intuição é ver pelo "avesso". É a mente dando saltos mortais, de tal maneira que quando voltamos à mesma posição, não estamos na mesma posição. É virarmos a camisa pelo avesso.

Esses são esforços verbais desesperados. Mas podem dar alguma ideia e permitir que o leitor a explore de maneira não linear.

Esse é o significado de *prajña* ou *bodhi* no Budismo. O Cristianismo não possui termos especiais equivalentes a *prajña* e *bodhi*; *intuição* e *espiritual* aproximam-se. A palavra *contemplação* tem sido empregada para esse propósito, mas ela tende a estender ainda mais o significado, devido à associação da palavra com o pensamento e a deliberação. Similarmente, a palavra *fé* tem sido usada para isso, mas está tão densamente carregada com outras conotações que, mais uma vez, oculta mais do que revela.

Notas:
1. Taimni, I.K., *A Ciência do Yoga* (Editora Teosófica, 1996).
2. Blavatsky, H.P., *A Chave para a Teosofia*, "Glossário", Editora Teosófica, 1995).

27

A Unidade Essencial das Religiões

estudo da consciência espiritual e do misticismo torna evidente que existem várias camadas em toda religião:

- A camada mais externa consiste dos *rituais e das cerimônias,* que são obviamente superficiais em sua natureza e não representam o âmago da religião. Esses rituais mudam frequentemente.
- A camada seguinte é a teologia, que consiste do conjunto de *crenças ou doutrinas* de cada religião. Também essas estão frequentemente sujeitas a mudanças. O Catolicismo, por exemplo, mudou seus dogmas no decorrer dos séculos. Modificou seu ponto de vista a respeito da crença de que a Terra é o centro do Universo ou de que não existe salvação fora da igreja.
- A camada mais interior é a espiritualidade, ou o *aspecto místico ou espiritual*. Nessa camada, dificilmente houve alguma mudança na essência da espiritualidade nestes últimos milênios. A espiritualidade é experiencial, e cada geração de buscadores espirituais tende a validar o que foi previamente descoberto ou realizado. O Misticismo é o coração de toda religião. É a chama que mantém a religião viva e que lhe permite sobreviver aos erros desastrosos que as teologias e os rituais possam cometer.

Esta explanação pode ser representada por uma série de círculos concêntricos, como na Figura 15. O círculo mais externo são os rituais e as cerimônias. O círculo seguinte é a teologia.

O terceiro círculo é espiritualidade, ou o coração místico das religiões. Este terceiro círculo consiste de muitos subcírculos, tais como a gnose ou esoterismo e os diferentes graus de realização mística.

Figura 15: Níveis de Religião

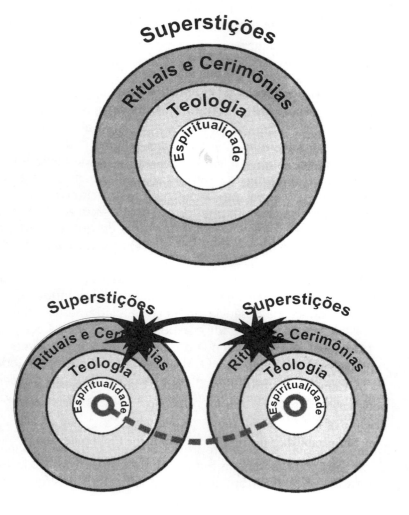

Fora dessas três camadas ou círculos, encontramos as crenças supersticiosas que se acumulam em torno de toda tradição religiosa. Quando os partidários religiosos põem o foco principalmente sobre os rituais ou sobre a teologia de sua própria religião ou da dos outros, eles têm a tendência de considerar uns aos outros com suspeição, com separatividade e até mesmo com hostilidade. A violência religiosa que vemos no mundo é o resultado de se viver a vida religiosa naqueles dois níveis externos. Na Irlanda, vemos um estranho fenômeno de católicos e protestantes, ambos cristãos, bombardeando e matando uns aos outros. No mundo islâmico, vemos xiitas e sunitas matando-se. Como é possível que pessoas da mesma religião possam estar tão divididas a ponto de matarem uns aos outros é realmente um fenômeno espantoso. O que parece igualmente espantoso é que muitas pessoas consideram isso um fato consumado, algo que não se devesse estranhar. Um visitante que viesse do espaço estudar a humanidade certamente iria achar a espécie humana bastante curiosa.

Mas, entre os místicos das grandes tradições religiosas, não encontramos tal inimizade, suspeição, separatismo ou hostilidade. Os vedantinos, os iogues, os sufis, os budistas contemplativos, os místicos cristãos, os judeus cabalistas – veem mais coisas que os unem do que os separam.

Thomas Merton, o famoso monge trapista que escreveu livros de grande vendagem sobre a vida espiritual, foi um daqueles que mergulharam na essência da espiritualidade de várias religiões e as compararam. Num livro intitulado *Zen and the Bird of Appetite*, ele questionou se é possível a um católico praticar o Zen e permanecer católico. Ele respondeu com um *sim* definitivo. O Zen, para ele, é uma experiência e não um dogma. Não é diferente da experiência espiritual de um católico ou de um protestante.[1]

Uma freira católica do Canadá, Irmã Elaine MacInnes, escreveu um livro intitulado *Teaching Zen to Christians*.[2] Ela se considera uma discípula do *roshi* Zen Yamada Koun sem deixar de continuar a ser uma freira católica. Ela fundou o primeiro centro Zen nas Filipinas e ensinou a prática da meditação Zen a inúmeros padres, leigos e freiras. Como pode uma freira católica – uma discípula de Cristo – ser ao mesmo tempo discípula de um *roshi* Zen budista? Isso só é possível se buscarmos ver a essência da espiritualidade como algo não diferente da espiritualidade cristã.

Hazrat Inayat Khan, o instrutor sufi que popularizou o misticismo islâmico no Ocidente, enfatiza a unidade essencial da experiência espiritual entre as diferentes tradições. Ele verdadeiramente declarou: "Ninguém pode ser místico e chamar-se cristão místico, judeu místico ou maometano místico. Pois o que é o misticismo? O misticismo é algo que apaga da mente da pessoa toda ideia de separatividade, e se alguém alega ser místico isto ou místico aquilo, ele não é um místico; está apenas brincando com um nome".[3]

Mahatma Gandhi, ao lhe perguntarem qual era sua religião, disse que era hindu, muçulmano, judeu, cristão e budista.

Abraham Maslow, no seu livro *Religions, Values, and Peak-Experiences*, escreveu:

> Até o ponto onde todas as experiências místicas ou de pico são as mesmas em essência e sempre o foram, todas as religiões são a mesma em essência e sempre o foram. Portanto, elas deveriam concordar, em princípio, em ensinar aquilo que é comum a todas elas, i.e., o que quer que seja que as experiências de pico ensinem em comum (o que quer que seja *diferente* a respeito dessas iluminações pode facilmente ser considerado como regionalismos tanto no tempo quanto no espaço, e são, portanto, periféricos, descartáveis, não-essenciais). Este algo comum, este algo que sobra depois que retiramos todos os localismos, todos os acidentes dos idiomas particulares ou de filosofias particulares, toda fraseologia, todos esses elementos que não são comuns, podemos chamar de o "âmago da experiência religiosa" ou a "experiência transcendente".[4]

Essa compreensão a respeito da unidade essencial das religiões do mundo é a solução verdadeira e final para a contenda inter-religiosa que o mundo testemunha há milênios. Isso não é apenas uma esperança ou um desejo. A harmonia inter-religiosa já existe hoje em dia entre os místicos de todas as religiões. Hostilidade e separação existem somente entre aqueles que veem sua vida religiosa em termos de dogmas, rituais e organizações. Para ajudarmos na realização da unidade religiosa, devemos popularizar os aspectos místico e espiritual das religiões.

Notas:
1. Merton, Thomas, *Zen and the Birds of Appetite* (New York: New Directions, 1968).
2. MacInnes, Elaine, *Teaching Zen to Christians* (Manila: Theosophical Publishing House, 1993).
3. Khan, Hazrat Inayat, *The Inner Life* (Boston: Shambhala, 1997), p. 60.
4. Maslow, Abraham, H., *Religions, Values, and Peak-Experiences* (London: Penguin, 1976), p. 20.

28

A Unidade da Vida

A consciência transcendente faz surgir um outro *insight* sobre a natureza das coisas – a unidade da vida. Essa é a fundação última da fraternidade universal.

Exploremos isso mais profundamente. Olhemos para uma simples folha de uma árvore. A sua vida parece separada das demais folhas. A prova aparente de tal separatividade é que se cortarmos essa folha, ela irá morrer, mas as outras folhas não morrerão nem serão prejudicadas.

Olhemos novamente. O que dá vida à folha? A vida vem da seiva nutriz que passa através do graveto, o mesmo graveto que supre a mesma vida às outras folhas. Em outras palavras, a folha não tem uma vida separada. Existe somente uma vida que anima não apenas as folhas, mas também os gravetos, os galhos, o tronco, as raízes e toda árvore, que são unicamente a vestimenta exterior daquela vida. A vestimenta murcha e morre durante o outono e o inverno, e uma nova vestimenta brota na primavera e no verão. A vestimenta muda, mas a vida não. É a mesma vida una. As folhas parecem separadas, mas elas são na verdade uma única vida.

Olhemos para os nossos dedos. Eles também estão separados. Você fere o dedo mínimo e sente dor, mas os outros dedos não estão sangrando. Eles permanecem saudáveis e não afetados. E ainda assim esses dedos não têm vidas separadas. São parte da vida una que percorre todo o corpo do ser humano. A separatividade é superficial. Se examinarmos mais profundamente a natureza dos dedos, veremos que eles realmente não estão separados.

Vemos os outros seres humanos como separados de nós. Se você sente dor, eu não sinto. Se você morre, eu não morro. Realmente, parece verdade que somos separados. Mas isso é porque nos identificamos com a vestimenta externa que chamamos de corpo ou personalidade. Se examinarmos profundamente a nossa natureza humana, uma compreensão diferente pode despertar em nós. Entre aqueles que compreendem esta unidade interior da vida estão os místicos, cuja consciência do eu superior ou do triângulo superior está desperta. Neles, há o surgimento natural não apenas da compaixão, mas uma compreensão da unidade da vida.

É de admirar que Francisco de Assis não pisasse nem mesmo sobre as formigas enquanto caminhava? Que ele considerasse o sol e a lua como seus irmãos?

John Donne teve um *insight* místico quando escreveu as imortais palavras:

> Nenhum homem é uma ilha, completo em si mesmo; todo homem é um pedaço do continente, uma parte do principal. Se um pedaço de terra for varrido pelo mar, a Europa é o mínimo, como se fosse um promontório, como se fosse a mansão do seu amigo ou a sua própria; a morte de qualquer homem me diminui, porque estou envolvido com a humanidade, e portanto nunca mando saber por quem os sinos dobram; eles dobram por você.

CORROBORAÇÃO

Esse conceito de unidade nos organismos e na natureza está agora ganhando aceitação mais ampla nos círculos científicos. Na biologia, a teoria dos campos mórficos e da ressonância mórfica é um exemplo; a teoria de Gaia, da Terra como um organismo, é outro; o inconsciente coletivo na psicologia de Carl Jung é um outro exemplo. Arthur Koestler propôs o conceito dos *holons*, uma visão que foi adotada por psicólogos transpessoais como Ken Wilber. Um *holon* é uma unidade inteira, ou organismo, que é também uma parte de um todo maior. Tudo é um *holon*, isto é, é composto de partes menores, embora seja em si mesmo uma parte de um todo maior. Um *holon* é o equivalente a uma unidade mórfica de Rupert Sheldrake. Toda a série de *holons* forma uma hierarquia de *holons*, ou uma *holarquia*.

O INCONSCIENTE COLETIVO

Uma das principais contribuições de Jung é a sua teoria da existência do inconsciente coletivo, um nível de consciência partilhado em comum por toda humanidade. As suas manifestações ocorrem sob a forma de mitos e arquétipos.

Ele disse: "O inconsciente coletivo . . . não é individual, mas comum a todos os homens, e talvez mesmo a todos os animais, e é a verdadeira base da psique individual".

A RESSONÂNCIA MÓRFICA

Sheldrake propôs a teoria da ressonância mórfica em 1981 com a publicação do seu livro *A New Science of Life*. Tudo, isto é, toda *unidade mórfica*, quer sejam átomos ou cristais, órgãos, animais, sistemas sociais ou mesmo todo o Cosmos, tem o seu próprio *campo mórfico*. Esses campos determinam a forma e o comportamento da unidade ou organismo, porque os campos possuem *memórias*, e as formas e o comportamento seguem essas memórias. Esses campos podem ser comportamentais, sociais, culturais ou mentais. Constituem a unidade subjacente dos organismos assim como o inter-relacionamento entre diferentes organismos, que podem ser parte de uma unidade mórfica maior.

Unidades mórficas semelhantes afetam umas às outras por meio de um processo que Sheldrake chamou de *"ressonância mórfica"*. Por exemplo, dez ratos na Inglaterra podem aprender a solucionar um novo labirinto em dez horas. Diz-se que este aprendizado produz efeito sobre outros ratos que possam estar milhares de quilômetros distantes, de tal modo que ratos nos Estados Unidos possam solucionar o mesmo labirinto em um período mais curto. Foram conduzidos experimentos que parecem validar esta hipótese.

Embora Sheldrake seja cuidadoso em não dizer que isso implica uma consciência comum, ele diz que isso é, de fato, algo semelhante ao conceito do inconsciente coletivo de Jung. Numa entrevista na televisão com o Dr. Jeffrey Mishlove, Sheldrake foi bastante explícito a esse respeito:

MISHLOVE: Quando o senhor fala a respeito desses campos como contendo memória, eles, de algum modo singular, quase começam a soar como a própria memória.

SHELDRAKE: Bem, se são como a mente, são muito mais como a mente inconsciente do que a consciente, porque temos que lembrar que em nossas próprias mentes, uma grande parte dela é inconsciente, como nos disseram Freud, Jung e outros. E o que Jung e seus seguidores enfatizaram é que todos nós temos não apenas o nosso próprio inconsciente pessoal, mas sintonizamos ou acessamos o inconsciente coletivo, que é a memória coletiva da espécie. O que eu estou dizendo se parece muito com essa ideia, mas não está confinado aos seres humanos – perpassa toda a natureza.

O compartilhamento da consciência dos animais de uma espécie particular é equivalente ao conceito de uma alma grupo na Teosofia. Estendendo-se este conceito aos seres humanos, significa que existe um campo, ou consciência maior, compartilhado entre os seres humanos. Como disse Sheldrake: "No reino humano isso é semelhante à teoria do inconsciente coletivo de Jung".

29

O Programa de Sete Dias

Chegamos agora às partes concludentes do processo de autotransformação. Fizemos a abordagem de um amplo espectro de informações e de práticas. Presumindo que o leitor experienciou os exercícios dados nos capítulos anteriores, estamos agora prontos para explorar duas abordagens rumo a uma contínua autotransformação em nossas vidas.

A primeira é o Programa de Sete Dias, e a outra é o "Passo Seguinte" a ser discutido no próximo capítulo.

O Programa de Sete Dias é um passo específico rumo ao fortalecimento do autodomínio. Usando os vários métodos e abordagens que foram dados neste livro, selecione um comportamento particular na sua vida que você gostaria de mudar (somar, melhorar, ou remover) durante os próximos sete dias. Deve ser algo que seja feito quase que diariamente, em vez de algo que só possa ser feito uma vez por semana. Como exemplos temos: parar de fumar, exercitar-se todo dia, minimizar a raiva, começar uma dieta e ler diariamente.

Ao escolher o comportamento, mantenha em mente quatro critérios:

1. **Específico**. O programa de sete dias envolve um comportamento específico, não apenas um desejo vago e geral. Por exemplo, você deve decidir não apenas "tornar-se mais saudável" (muito vago e geral), mas em vez disso "praticar *tai chi* durante trinta minutos toda manhã", ou "parar de fumar", ou alguma outra coisa de sua escolha.

2. **Mensurável**. No fim dos sete dias, você deve ser capaz de determinar se executou o seu programa ou não. Assim, se

você deseja minimizar a raiva, você tem então que estimar com que frequência e com que intensidade você se aborrece todo dia ou toda semana. Se for uma média de quatro vezes ao dia, então você deve desejar diminuir as ocorrências de raiva para não mais que uma vez ao dia. (Observe: você também deve ter clareza quanto ao fato de incluir a irritação na sua definição de raiva). Ou você pode medir sua raiva em termos de intensidade, não apenas de frequência. Numa escala de zero a dez, qual é o seu nível de raiva?

3. **Algo difícil de fazer**. Deve ser um comportamento que você tem evitado – em outras palavras, algo a que você vem resistindo até agora. Não se deve escolher um programa de sete dias para algo que já se esteja fazendo regularmente. O programa está preocupado com o fortalecimento da vontade interior e o domínio da personalidade exterior.

4. **Método**. Deve-se escolher um método para assegurar que os participantes serão bem-sucedidos no Programa de Sete Dias. Por exemplo, suponhamos que, como pai, você gostaria de passar mais tempo com seus filhos em vez de fazer hora extra no escritório, então você deve planejar um esquema e um lembrete para se assegurar de que não vai se preocupar por qualquer trabalho que não seja feito. Você pode querer delegar parte do seu trabalho a outros, ou alterar a reunião com seu cliente para o meio-dia em vez de para a hora do jantar, ou pedir à sua esposa para ajudar ligando para você a uma certa hora da tarde, para que você não se esqueça.

AUXÍLIOS AO PROGRAMA

Lembremos que o programa de sete dias é basicamente um processo de recondicionamento. Assim, podemos fazer uso de técnicas conhecidas para influenciar a nossa mente subconsciente no sentido de dar apoio ao esforço. Seguem, abaixo, dois desses métodos que podem fortalecer nosso programa de sete dias:

1. *Fortalecer a motivação*
   Essa é uma abordagem sugerida pelo autor Anthony Robbins. O objetivo é criar a força que nos irá impulsionar para agirmos no nosso programa de sete dias.
   Numa folha de papel em branco, risque uma linha vertical no meio, dividindo o papel em duas colunas. Na coluna da esquerda, anote *as vantagens ou benefícios* que lhe poderão advir se você for capaz de completar o programa de sete dias. Na coluna da direita, anote todas as *desvantagens ou efeitos danosos* se você não conseguir completar o programa de sete dias.

2. *Visualização*
   Uma outra técnica é a visualização. Aqui está uma abordagem adaptada de um método usado por José Silva:
   Suponha que o seu programa de sete dias seja levantar-se às cinco horas da manhã e meditar durante vinte minutos. Então você pode usar a visualização para ajudar a influenciar o seu corpo, os seus sentimentos e a sua mente a ficarem mais inclinados a implementar sua resolução.
   Feche os olhos e inspire profundamente cinco vezes até que todo seu corpo esteja relaxado e os sentimentos estejam calmos. Depois imagine-se comportando-se da maneira antiga (sentindo-se preguiçoso para se levantar). Ponha este quadro com esta cena numa moldura que possua bordas pintadas de cor cinza. Agora imagine-se levantando-se rapidamente e fazendo sua meditação. Ponha esta cena numa outra moldura, sobreposta à primeira, e a borda desta moldura é de um dourado radiante. Mantenha esta imagem emoldurada na mente por pelo menos dois minutos. Sinta a calma e os benefícios da meditação enquanto visualiza a si mesmo meditando.
   A visualização é uma ferramenta poderosa para o recondicionamento, e, por essa razão, deve ser usada com cuidado. O que consciente ou subconscientemente visualizamos na nossa mente tende a condicionar nossa personalidade a comportar-se de acordo com tais imagens.

O Programa de Sete Dias | 243

GRUPO DE AUTOTRANSFORMAÇÃO

Os participantes do Seminário de Autotransformação são encorajados a encontrar-se regularmente para que possam formar um grupo de crescimento que irá nutrir e continuar o processo de autotransformação. O grupo encontra-se semanal ou mensalmente de acordo com um dia fixo, e possui uma agenda para os encontros que inclui conversas, exercícios ou discussões que auxiliem o seu crescimento. Pode ser uma sessão de estudos liderada por um debatedor designado. Pode ser uma sessão de processamento. Ou pode ser uma sessão de aprendizagem estruturada. Se você não participou de tal seminário, mas sente que gostaria de explorar e implementar alguma das abordagens que se encontram nesse livro, você pode criar um grupo informal de amigos que estejam igualmente interessados. Vocês podem, por exemplo, discutir juntos um dos capítulos deste livro, e depois explorar a relevância do mesmo para suas vidas, e decidir sobre o que cada um deseja fazer a respeito. Vocês podem devotar um encontro a cada mês ao processamento da autopercepção com o propósito de lidar com alguma tensão acumulada, com a profilaxia de mecanismos passados ou com questões emocionais.

O grupo pode também empreender um trabalho comum que transmita os frutos do seu próprio aprendizado a outras pessoas que possam dele se beneficiar, particularmente jovens que estejam tateando no escuro a se perguntarem qual o significado da vida.

30

O Passo Seguinte

Para uma pessoa que tenha conscientemente começado o processo de autotransformação, a oportunidade para o crescimento e a transformação torna-se contínua, não importando quais sejam as circunstâncias. Um fator importante na aceleração ou desaceleração desse processo é, entre outras coisas, a disponibilidade da *energia de percepção* para sustentar o processo.

A cada estágio da vida, existe um passo (ou passos) seguinte rumo ao crescimento. Esse passo seguinte pode ser encontrado fazendo a nós mesmos perguntas tais como:

- Estou tenso neste momento?
- Estou desconfortável de alguma maneira?
- Que aspectos da minha vida ainda me fazem infeliz?
- Estou fortemente insatisfeito a respeito de alguma coisa? O que posso fazer a respeito?
- Que relacionamentos na minha vida ainda não parecem funcionar?
- Existem coisas que valham a pena e que eu gosto de buscar, mas que pareço hesitante em buscá-las?
- As prioridades e os valores da minha vida estão claros para mim? As minhas atividades estão de acordo com essas prioridades?
- Sinto-me recompensado no meu trabalho?
- Considero a vida sem significado ou sem direção?
- Estou reclamando respeito de alguma coisa nas minhas circunstâncias atuais?

Toda circunstância que apresenta um conflito, uma mágoa, um dilema, seja grande ou pequeno, representa um *passo seguinte* potencial no nosso crescimento. O conflito e a dor indicam falta de integração e transcendência. São os indícios tanto para o problema quando para a solução.

As abordagens ou os métodos que exploramos no processo de autotransformação são os meios para dar o passo seguinte que, esperamos, irá levar à resolução e superação do conflito.

Karen tinha sido apresentada ao processo de autotransformação há mais de um ano e já havia processado várias questões em sua vida. Aliás, ela apresentou-se como voluntária para ser treinada como facilitadora para o seminário. Quando eu a encontrei novamente depois de mais de um ano, ela me disse que tinha começado um novo negócio. Uma noite antes de uma reunião, eu lhe perguntei como ia no seu novo negócio. Ela disse: "Estou morta". Ela viu que eu não entendi o que ela quis dizer. Ela explicou que estava tão cansada e exausta que se sentia como uma pessoa morta. E não era só naquela noite. O novo negócio vinha representando um aborrecimento contínuo para ela por cerca de um mês. O estresse, a exaustão física, as discussões e as divergências, todas essas coisas estavam a drenar-lhe as forças todos dias de modo que ela queria desistir totalmente do negócio.

Surpreendeu-me que não lhe ocorrera que este tormento porque estava passando era o que o processo de autotransformação tem por objetivo abordar. Ela talvez supusesse que os problemas nos negócios fossem diferentes das questões da autotransformação. Isso é um erro. Nada está fora do processo de autotransformação, porque o processo é a respeito do próprio viver. Quer seja uma dor de dente, uma irritação, um trauma, ou a morte iminente de um ente querido – todas essas coisas são partes do processo de crescimento e por isso são relevantes para a autotransformação.

Karen estava passando por aflição e agonia devido a dois fatores:

- Ela acumulava o *estresse* diário e esquecia de neutralizá-lo regularmente.
- Ela não tinha formulado uma filosofia clara de vida que englobasse tais coisas como negócios e problemas.

Nós discutimos o assunto e eu lhe fiz lembrar o uso da autopercepção ao lidar com problemas como esse. Ela sorriu, reconhecendo que tinha esquecido.

Na semana seguinte, vi Karen novamente várias vezes, e ela sentia que seus dias estavam muito melhores agora. Ela estava menos tensa e menos nervosa ao final do dia.

Vejamos alguns exemplos das quase infinitas possibilidades do passo seguinte:

- Você está para fazer uma longa viagem de ônibus ou de avião. No passado, você normalmente sentia-se cansado ou exausto após uma longa viagem. Essa viagem pode ser o passo seguinte. Quando começar a viagem, observe se o seu corpo está relaxado e confortável. Faça o exame cuidadoso (*scanning*) e verifique qualquer desconforto ou tensão. Não será difícil ver que, se você puder garantir que está confortável nesse momento e que pode mantê-lo, uma viagem de doze horas não será exaustiva. Uma viagem só é cansativa quando se mantém uma posição tensa durante longas horas.
- Você está esperando algumas pessoas que estão atrasadas. Você fica chateado e impaciente. Deixe essa impaciência ser a oportunidade para o passo seguinte. Permaneça perceptivo de sua impaciência e a experiencie plenamente, sem tentar remediar o desconforto ou justificar o atraso das outras pessoas. Faça a respiração abdominal à medida que você examina minuciosamente a si mesmo.
- Você e seu cônjuge têm uma questão que vive se repetindo. E isso causa ressentimentos e discussões em voz alta. A próxima vez que o problema surgir, tente ouvir o ponto de vista do outro sem dar o seu próprio. Deixe que esse ponto de vista penetre em você e se esforce por entender os sentimentos e as atitudes por trás das palavras. (Observe que entender os outros não significa que você deva concordar com o que dizem ou fazem). Permita-se experienciar com plena percepção o conflito dentro de você, mesmo que essa assistência ao conflito lhe tome o dia

inteiro. Se houver raiva em você, sinta-a com percepção. Se o conflito ainda não puder ser resolvido, não tente resolvê-lo a não ser que seja crítico.

- Você está preocupado a respeito de uma tarefa que precisa ser feita, mas continua procrastinando-a. Permaneça com a preocupação e fique perceptivo do conflito dentro de você. Não o ponha de lado. Fique perceptivo do desagrado. Fique perceptivo das razões pelas quais você está adiando a tarefa. Processe a si mesmo se sentir que há uma forte razão emocional por trás da procrastinação.

Você pode ver a partir dos exemplos acima que o passo seguinte pode ser qualquer coisa ao longo do dia que cause conflito interior ou exterior. Fique alerta para tais oportunidades de crescimento. Logo você compreenderá que esse cuidado diário é uma ferramenta poderosa rumo à transcendência e ao desapego, isto é, à vida espiritual.

Existem passos seguintes menores e maiores. Os menores são os estresses e conflitos que ocorrem ao longo do dia. Eles podem vir e ir-se. Mas são tijolos e pedras de crescimento valiosos se atentarmos para eles.

Os passos maiores seguintes são aqueles capazes de criar pontos críticos na vida, tais como:

- Conflitos ou dificuldades recorrentes ou protelados nos relacionamentos.
- Conflitos, desconfortos ou dilemas na profissão.
- Falhas ou fraquezas de caráter percebidas.
- Ansiedade, preocupação ou medos maiores recorrentes.
- Anelo pelo crescimento interior ou espiritual.

Toda pessoa enfrenta esses passos menores ou maiores o tempo todo. Cada um desses passos é uma oportunidade valiosa para o crescimento genuíno. Uma clara filosofia de vida autotransformadora permite-nos estar alertas para essas oportunidades e aproveitá-las. Desse modo, o verdadeiro crescimento será acelerado em nossa vida.

31

Autotransformação e Juventude

𝒟urante mais de seis anos os meus companheiros de trabalho e eu adaptamos o conteúdo do Seminário de Autotransformação num acampamento para jovens com duração de quatro dias, chamado de *Golden Link Youth Camp* (Acampamento para Jovens Elo Dourado), no qual jovens de treze a vinte e cinco anos aprendem os princípios do processo em uma atmosfera de alegria, atividades e trabalho de equipe. Simplificamos o programa, mas retivemos os elementos essenciais, tais como o processamento da autopercepção, os relacionamentos efetivos, o esclarecimento de valores, e os comentários e informações sobre algo já visto com o objetivo de avaliação. Juntamos a estas coisas as sessões que lhes permitem aprender a respeito da aceitação do eu e dos outros, o falar em público e a construção de equipes. Quase todos os participantes do grupo de jovens tornam-se membros de uma organização de jovens chamada *Golden Link*. Muitos se encontram regularmente após o acampamento. Organizam projetos comunitários, festivais esportivos, programa de serviços, sessões de aprendizagem e atividades similares.

Tivemos oportunidade de observar os efeitos do programa de jovens *Golden Link* nas vidas de muitos jovens. O que vimos nos muitos anos que se passaram surpreendeu não apenas a nós facilitadores, mas mais especialmente aos pais desses jovens. As mudanças no comportamento dos jovens, as atitudes, os relacionamentos, os valores e as perspectivas na vida convenceram-nos de que estamos fazendo a coisa certa.

Larry era um estudante universitário pobre cuja mãe era a única que sustentava a família. Ele se tornara um alcoólatra inveterado que esvaziava um engradado de cerveja a cada vez que se sentava num bar. Muitas vezes sua mãe, em prantos, narrava aos amigos próximos como Larry chegava em casa; quando ele via que a comida ainda não estava pronta, jogava as panelas no chão da cozinha com raiva.

Um dia, sua mãe soube do *Golden Link Youth Camp* e persuadiu o filho a participar. Ele assim o fez. A mudança no comportamento de Larry foi notável. Ele imediatamente parou de beber após o acampamento de jovens. Sua mãe notou que ele não apenas não estava mais violento em casa, como regularmente se prestava a fazer o trabalho doméstico, tal como pegar baldes d'água toda manhã de um poço comunitário um pouco distante (a casa deles não possuía água encanada). Ele conseguiu uma bolsa de estudos e pôde terminar a faculdade. Desde quando isso foi escrito, Larry tem sido um jovem modelo que ajuda na facilitação do acampamento de jovens. Sua autodisciplina é maravilhosa. Sua abnegação é genuína.

Jenn era uma moça muito tímida. Quando se lhe pedia para falar para o grupo, ficava tão nervosa que começava a chorar. Ela tinha uma autoestima muito baixa e achava que não conseguiria fazer coisas significativas. Durante o acampamento de jovens, ela disse que tinha medo de minhocas e chorava quando era colocada frente a frente com essas pequeninas criaturas. Ela se tornara por demais retraída. Quando superou o medo das minhocas e o medo de falar em público durante o acampamento de jovens, ela compreendeu as reais possibilidades de crescimento e melhoramento em sua vida. Jenn levou isso a sério e esforçou-se para melhorar. Depois de vários anos, ela se tornou um exemplo brilhante de uma jovem que é autoconfiante, aberta, gentil, alegre e eficaz no que faz. Ela agora ensina, dá palestras, ajuda a conduzir os acampamentos de jovem e serve como cofacilitadora no Seminário de Autotransformação.

Henry tinha se tornado uma maldição para o seu pai. Ele era filho único e havia se tornado tão irresponsável e indigno de confiança que o seu pai tinha apenas palavras ásperas para ele sempre que se encontravam. Henry, por sua vez, não apenas faltava com o respeito, como desobedecia a seu pai. Apesar de sua aparente inteligência, ele tinha sido reprovado no terceiro ano do ensino médio. Tornara-se um beberrão e fumante inveterado e às vezes chegava em casa às três da manhã após uma bebedeira com os amigos. Não havia nada que seu pai pudesse fazer. Então Henry juntou-se ao *Golden Link Youth Camp* que se realizou na cidade onde ele morava. No primeiro dia ele foi um grande problema. Ele juntava o grupo de participantes e comia em uma casa fora do terreno do acampamento, violando as regras do acampamento. Ele deleitava as pessoas acampadas com piadas sexuais que deixavam as garotas embaraçadas. Mas, à medida que os dias se passavam, o teor dos temas do acampamento tornava-se tocante para ele de uma maneira que ninguém esperava.

Duas semanas após o acampamento, recebi uma ligação interurbana de Henry, dizendo-me que tinha boas novas. Primeiro, tinha parado de fumar. Segundo, tinha parado de beber. Os seus amigos já se perguntavam por que ele não mais se juntava a eles. Mas o que é mais importante, ele disse que agora tinha voltado a falar com seu pai. O seu pai tinha começado a *conversar com* ele, em vez de repreendê-lo.

Dois meses depois, Henry ligou novamente para me dizer que estava ajudando de maneira voluntária nos negócios do seu pai. Muito tempo depois ele me ligou novamente para dizer que tinha passado no vestibular para as melhores universidades de sua região. Aliás, ele havia tirado nota máxima nos exames.

Eu posso citar inúmeros casos como Larry, Jenn e Henry cuja rota de crescimento mudou drasticamente após terem sido expostos ao processo de autotransformação. As experiências deles me convenceram de que o processo de autotransformação deve ser apresentado cada vez mais aos jovens através de escolas e grupos de jovens.

Os jovens são mais abertos a novas ideias, atitudes e comportamentos, mesmo que tais ideias aparentemente estejam em conflito com o que diz a sociedade. O condicionamento dos jovens não está ainda muito profundamente enraizado e por isso eles são suscetíveis a influências contrárias. A mudança operada neles nessa idade terá um efeito drástico em suas vidas como adultos. Irá poupar-lhes inúmeras dores de cabeça, mágoas e temores. Eles saberão como lidar com as adversidades, os desafios e os fracassos temporários.

As atividades e lições de autotransformação podem ser organizadas para jovens, tanto no ambiente escolar quanto fora dele. O aprendizado pode suplementar a educação doméstica e escolar dos jovens. O que é preciso é que mais pessoas que tenham passado pelo processo de autotransformação dediquem seu tempo, energia e *insight* aos jovens que precisam de orientação ao navegar esse mistério chamado vida e essa selva de concreto chamada sociedade. Para obter informações sobre como apresentar o Processo de Autotransformação a pessoas jovens, entre em contato conosco no endereço que se encontra no Anexo 3.

32
Autotransformação e Educação

Sempre me pareceu estranho que as habilidades e o conhecimento essenciais na vida não sejam ensinados na escola. Como exemplos temos as informações disponíveis a respeito da felicidade e da infelicidade, a respeito de relacionamentos eficazes, a respeito de como lidar com as emoções tais como a raiva ou a depressão, a respeito do autodomínio (não apenas disciplina mecânica), a respeito do sucesso nos relacionamentos conjugais e a respeito da paternidade. E ainda assim, na escola, passamos tanto tempo aprendendo a respeito de senos, cossenos, polinômios, os produtos deste país ou daquela região, a data quando Colombo descobriu a América e o nome dos seus navios, o peso atômico do mercúrio e do bário – toneladas de informações que, como mencionamos no início deste livro, muito provavelmente não usamos quando nos tornamos adultos.

Por outro lado, não temos cursos que nos ensinem como viver a vida mais amplamente, tais como Relacionamentos Eficazes, Lidando com Emoções Aflitivas, Autodomínio, ou Paternidade Eficaz.

A educação deve consistir de pelo menos duas coisas: educação para a vida e educação para adaptar-se à sociedade moderna. A educação moderna é primariamente a segunda, e a primeira é geralmente negligenciada.

Exemplos do segundo tipo de educação são: o aprendizado de um idioma e o aprendizado dos fundamentos de matemática, história, ciências sociais e assuntos semelhantes, que são necessários por serem eficazes na vida moderna. Também estão aí incluídos cursos de curta duração. Por exemplo, tornar-se programador de computador ou gerente especialista em leis está atrelado às demandas sociais da geração atual. Há muitos séculos, poderia ter sido o serviço militar ou o sacerdócio. No século que vem, pode ser engenharia da água ou outra coisa qualquer. Essas coisas são necessárias, mas são, a longo prazo, secundárias para as necessidades mais básicas do crescimento e da maturidade humana.

Não é realmente de dinheiro que precisamos, mas da satisfação e realização que se supõe que o dinheiro possa comprar. Estudamos a respeito de como ganhar dinheiro, mas não estudamos arte e a ciência da satisfação e da realização. Apaixonamo-nos e nos casamos, esperando viver uma vida feliz, e assim aprendemos como nos tornarmos atraentes para nos casarmos, mas não estudamos o que é uma vida verdadeiramente feliz.

A educação para a vida é essencialmente educação para o verdadeiro crescimento humano, não importa a cultura na qual tenhamos nascido. Isso envolve crescimento rumo à maturidade com qualidades tais como as identificadas por Maslow para as pessoas autorrealizadas. Eu acredito que a educação deva incorporar esse aspecto importante do aprendizado. Esse aspecto deve ser introduzido não apenas no nível universitário, mas deve começar desde a creche e o nível elementar. As raízes do caráter são formadas nos primeiros anos; por isso, o que pode ser chamado de educação transformadora deve começar cedo.

Esse tipo de educação requer três coisas: (1) uma filosofia de vida baseada numa compreensão mais iluminada da natureza e dos valores humanos, (2) um sistema de educação que traduza a filosofia num programa de ensinamento de vários temas tais como matemática, idiomas ou história, e (3) um grupo de professores cujas vidas corporifiquem a filosofia e que tenham sido treinados na implementação do sistema.

A FILOSOFIA DE VIDA

A filosofia de vida que forma a fundação da educação transformadora não é uma filosofia unitária que é fixa e dogmática. É uma filosofia dinâmica e criativa assentada sobre a sabedoria eterna ou filosofia perene.

A sabedoria eterna ou filosofia perene é difícil de delinear e definir, mas existe. Não é invenção de uma única pessoa, ou grupo, religião, cultura ou tradição. É uma sabedoria baseada na experiência acumulada da humanidade. Os seus *insights* transcendem as muralhas culturais ou a estreiteza sectária. O seu espírito é independente de qualquer grupo particular ou movimento histórico. Porém, as tradições mais hábeis de cada nação ou cultura estão nela baseadas. A sua validez é reconhecida pela intuição e pelo senso comum.

A sabedoria eterna consiste em uma compreensão da vida e da natureza, isto é, um mapa compreensivo de realidade e uma maneira de vida baseada em tal compreensão. As suas mais elevadas expressões são as tradições místicas das várias culturas tais como o Cristianismo Místico, o Budismo Místico, a Cabala, o Sufismo, o Vedanta e o *Yoga*. Na sociedade humana, os seus princípios são traduzidos em modos de relacionamento e interação que produzem a harmonia última e a unidade. Na vida pessoal, ela proporciona paz, integração e realização.

O Seminário de Autotransformação tem raízes na sabedoria eterna. O seminário reuniu os *insights* de cada representante da sabedoria tais como a Teosofia, Krishnamurti, o Misticismo Cristão, a Psicologia Transpessoal, o Zen, Ramana Maharshi, o *Yoga*, Maslow e muitos outros.

A educação moderna geralmente não enxerga a sabedoria eterna. Ela está encantada com os valores da sociedade atual. O propósito da pessoa comum é definido pelos padrões transitórios do que é atualmente popular: a internet, o estrelismo, a política, a lista de *best-sellers*, etc. Infelizmente, o significado da vida humana é definido por ícones culturais.

A educação moderna é um instrumento dócil das forças sociais servindo, assim, à estrutura social, e não ao ser humano. Nesse sentido, ela falha na sua importante tarefa de ajudar os indivíduos a atingirem seus verdadeiros potenciais como seres humanos. A educação treina as pessoas para se tornarem engrenagens eficientes de uma enorme máquina social inventada às cegas pela evolução social que mede o significado da vida através de coisas tais como produto nacional bruto, reserva em moedas estrangeiras, elevação do preço das ações, sucessos de bilheteria, listas de *best-sellers*, aumento no mercado de ações, reconhecimento em primeira página e cobertura de televisão. A verdadeira educação, embora reconhecendo a necessidade de as pessoas adaptarem-se aos padrões da sociedade atual, deve ao mesmo tempo ensinar aos estudantes a visão mais ampla da vida que transcende e engloba a sobrevivência e a estabilidade econômica, a competição social e a rivalidade religiosa. Ela deve auxiliar os jovens a:

- Compreender o amor além da instituição do casamento e da satisfação dos sentidos
- Apreciar a sua humanidade além da nacionalidade
- Ver a espiritualidade além da religiosidade
- Compreender a felicidade além do prazer
- Ver a retidão ética além da moralidade cultural
- Perseguir excelência em vez de competição
- Ver a unidade acima da insegurança

O SISTEMA EDUCACIONAL

Com as raízes fincadas na sabedoria eterna, a educação deve imaginar um sistema, um programa ou esquema que permita aos jovens aprender a respeito do viver e ao mesmo tempo adaptar-se à sociedade atual. Tais programas ou políticas devem ser baseados em princípios fundamentais derivados da sabedoria eterna.

Vejamos alguns exemplos de como princípios podem ser traduzidos em sistemas:

- ***O medo não deve ser usado como ferramenta para motivar as crianças a se comportarem de uma determinada maneira.***
  O pernicioso condicionamento do medo dos indivíduos é uma fonte de infelicidade humana e de conflito social, que resulta em insegurança, agressividade, timidez, baixa autoestima, e

irracionalidade. De onde vêm esses medos? Eles são injetados nos corações das crianças por pais e professores com a finalidade de impor disciplina e condicionar o comportamento dos pequeninos.

É importante, portanto, que o sistema de educação não utilize o medo como instrumento de compulsão na educação. O medo atrofia o crescimento, impede o verdadeiro aprendizado, obstrui a criatividade e causa infelicidade.

- **Um ambiente amável e carinhoso geralmente produz uma atitude e sentimento nos alunos que acentua o crescimento, a benevolência, a cooperação, a felicidade e o bem-estar.**
Por isso professores e administradores devem buscar prover um tal ambiente.
- **As crianças precisam aprender autodisciplina e autodomínio.**
Uma atmosfera amorosa não deve ser interpretada como licença para as crianças fazerem o que bem queiram. As regras são necessárias. Isto é óbvio. A firmeza deve acompanhar o amor. Vejamos como princípios podem ser traduzidos em currículo e métodos de ensino.
- **O aprendizado deve promover a inteligência e não o mero acúmulo de informações.**
É mais importante para os alunos compreenderem por que Colombo buscou navegar para o Ocidente do que memorizar a data quando ele aportou no Novo Mundo. É mais importante para as crianças entenderem por que a fórmula do volume do cilindro é v = pr2 do que serem aprovados nos exames por terem memorizado a fórmula. Esse é o desenvolvimento da inteligência, ou a capacidade de entender os princípios subjacentes e o seu significado, de modo que possam ser capazes de aplicar o aprendizado às circunstâncias futuras.
- **Os alunos devem ser motivados pela excelência e não pela competição.**
Assim, não deve haver notas comparativas nem honrarias que coloquem um estudante contra os outros. As crianças

que são lentas para entender matemática não são necessariamente menos inteligentes do que seus colegas de turma. O crescimento humano não pode ser adequadamente medido por padrões simples tais como testes de QI ou notas. Isto não faz justiça às capacidades multifacetadas de um ser humano. Que a capacidade humana não pode ser simplesmente medida por um padrão é reconhecido por muitas escolas de psicologia atuais, tais como a teoria das inteligências múltiplas de Howard Gardner (lógica, linguística, espacial, musical, cinética, interpessoal, intrapessoal, naturalista, e existencial).

- *O exemplo é uma das mais importantes ferramentas na educação.*
Os professores devem exemplificar aquilo que estão ensinando. Se os professores de matemática mostrarem paixão e interesse pela matéria que ensinam, seus exemplos motivarão os alunos a aprender matemática. Quando o professor transborda entusiasmo ao discutir história, o entusiasmo irá infectar os alunos. Quando o professor não faz uso da raiva e nem grita para resolver situações problemáticas, os estudantes inconscientemente adotam uma atitude semelhante de encarar as dificuldades.

OS PROFESSORES

Chegamos a um ingrediente vital de um sistema educacional iluminado: a presença de professores que corporifiquem a filosofia e que entendam os princípios do sistema de educação.

Os professores da educação transformadora são aqueles que por si próprios atacaram as questões da vida. Não são exemplos perfeitos do indivíduo transformado, mas lutaram e aprenderam os princípios. Apreciam o propósito da educação iluminada e tentam sinceramente viver segundo os princípios dessa educação.

Os professores devem possuir as qualidades de um indivíduo autotransformado até um certo grau, especificamente uma natureza amorosa, autodomínio e um interesse apaixonado pela matéria que ensinam.

Uma atitude amorosa não é uma habilidade. Não é uma técnica. É uma qualidade da pessoa. A natureza amorosa é como a luz do sol para a flor. Ajuda a flor a desabrochar. Uma qualidade assim carinhosa, somada ao autodomínio, exibe paciência ao ajudar os alunos a aprenderem. Os professores ajustam-se ao ritmo do aluno, em vez de pressionar os alunos a se ajustarem ao seu ritmo. Ficam felizes em dar aulas extras aos alunos com dificuldades. O apaixonado interesse do professor por sua matéria é um catalisador que desperta no aluno o entusiasmo correspondente pela matéria.

Precisamos de escolas que ofereçam educação transformadora. Tais escolas nutrem os jovens que serão fisicamente sãos, emocionalmente saudáveis, mentalmente alertas, inteligentes, responsáveis, sensíveis ao bem-estar comum e preparados para a vida espiritual. São pessoas que não irão contribuir para a bagunça do nosso mundo atual. Os seus lares não irão tornar-se locais de mais problemas sobre a Terra. Realmente, é provável que contribuam para a harmonia e a paz entre as pessoas. Serão as provas vivas de que é possível ser eficaz na sociedade humana sem ser antagonista, competitivo, ganancioso e egoísta, e de que a felicidade humana é possível em meio aos desafios e adversidades da vida.

Anexo 1

Leituras Recomendadas

Uma das melhores maneiras para acelerar a nossa compreensão da vida e da realidade é ler muito, mas de maneira seletiva. Nos últimos milhares de anos, incontáveis sábios atacaram as questões, os conflitos e os mistérios da vida e do Cosmos, e podem coletivamente nos ensinar importantes *insights* que não conseguimos encontrar nos estudos acadêmicos. O ensinamento desses seres pode ajudar-nos a nos autotransformar e a ter uma visão mais ampla e mais profunda da realidade. Listarei aqui alguns deles, com a advertência de que não se deve esperar que a lista seja exaustiva, mas, sim, certamente, inicial.

É útil estar familiarizado com certos livros populares de autoconhecimento, tais como as obras de Dale Carnegie, Napoleon Hill e Anthony Robbins. Eles podem ter pontos de vista que necessariamente não concordem com este livro, mas, em geral, podemos recolher muitos *insights* práticos dos seus escritos. Por exemplo, muitos dos escritos de Anthony Robbins são a respeito do nosso *recondicionamento*, e não em transcender o condicionamento insalubre através da limpeza, liberação ou purificação, que é o ponto de vista adotado no processo de autotransformação. Essa é uma diferença fundamental. Entretanto, os livros de Robbins e os de outros autores demonstram que nenhuma necessidade individual precisa estar à mercê do seu passado. Podemos fazer algo para mudar nossas vidas.

Dos livros populares de autoconhecimento, voltamos nossa atenção para a filosofia perene ou a infinita sabedoria de vida. Essa sabedoria não ensina habilidades, não ensina como ser bem-sucedido no mundo, e nem como ser popular. A segurança financeira é importante, mas é apenas uma pequena parte do quadro maior da vida. (Aliás, enfatizar demais a segurança financeira resulta em um viver ineficaz). A filosofia perene vai além dos valores culturais do nosso tempo e nos dá uma perspectiva de vida mais ampla e mais profunda.

O meu próprio contato com a sabedoria eterna foi através da Teosofia. Embora não seja a única, é para mim uma das apresentações mais compreensivas da sabedoria. Serve também como pano de fundo valioso que nos ajuda a compreender outros livros, filosofias e religiões. Seguem abaixo três livros com os quais você pode começar:

- *A Sabedoria Antiga*, de Annie Besant (Editora Teosófica, 2004).
- *A Chave para a Teosofia*, de H.P. Blavatsky (Editora Teosófica, 1991).
- *The Ocean of Theosophy* de William Q. Judge (várias edições, tais como Pasadena: Theosophical University Press, Los Angeles: Theosophy Company).

A sabedoria eterna inclui a familiaridade com vários ensinamentos do lado interno da natureza que projetam luz sobre os fenômenos mal explicados pela ciência. Aí está incluída a vida após a morte, os fenômenos físicos, as faculdades paranormais, e a existência do *chi* ou *prana*.

Busque suplementar esses estudos lendo os resultados das pesquisas controladas nestes campos, tais como a fotografia Kirlian, as pesquisas sobre reencarnação, as telas Kilner e as pesquisas das Sociedades de Pesquisa Psíquica inglesa e americana.

- *20 Cases Suggestive of Reincarnation* do Dr. Ian Stevenson (Charlottesville: University Press of Virginia, 1974).
- *The Phoenix Fire Mystery* de J. Head e S. Cranston. (New York: e Julian Press, 1977). Essa é provavelmente a melhor compilação de excertos sobre reencarnação de vários escritores, cientistas, filósofos, instrutores religiosos e escrituras.
- *The Probability of the Impossible* da Dr. Thelma Moss (Londres: Routledge & Kegan Paul, 1976).

As modernas declarações da sabedoria eterna podem ser encontradas nos escritos de Ken Wilber, cuja obra e pesquisas englobam uma área tão vasta do conhecimento humano que ele se tornou talvez o mais proeminente escritor moderno sobre a filosofia perene. Uma boa introdução à sua obra é:

- *The Essential Ken Wilber* (Boston: Shambhala, 2000).

A obra de Wilber esmera-se por integrar campos tão diversos como a psicologia, a sociologia, a física moderna, a filosofia, a religião comparada e o misticismo.
Um campo especial da psicologia com o qual vale a pena se familiarizar é a psicologia transpessoal. Sugerimos aqui as obras de Abraham Maslow e de outros psicólogos, tais como os seguintes:

- *Motivation and Personality* de Abraham Maslow (New York: Harper and Row, 1987).
- *The Farther Reaches of Human Nature* de Abraham Maslow (New York: Arkana, 1993).
- *Religions, Values, and Peak-Experiences* de Abraham Maslow (Columbus: Ohio State University Press, 1964).
- *Psychosynthesis* de Roberto Assagioli (New York: Hobbs, Dorman, 1965).
- *Paths Beyond Ego* de Roger Walsh e Frances Vaughn (Eds.) (New York: Tarcher/Putnam, 1993).

Uma das afirmações mais significativas da filosofia perene é a unidade espiritual das religiões. Embora as religiões hoje pareçam estar em disputa umas com as outras, existe unanimidade entre os filósofos perenes de que, na raiz, todas as tradições espirituais estão essencialmente de acordo. Vale a pena ler os seguintes livros:

- *A Filosofia Perene* de Aldous Huxley (Editora Pensamento).
- *The Transcendent Unity of Religions* de Fritjof Schoun (Wheaton, IL: Theosophical Publishing House, 1984).
- *The Mystery Teachings in World Religions* de Florice Tanner (Wheaton, IL: Theosophical Publishing House, 1973).

Isto nos leva ao âmago da religião: o misticismo ou experiência mística. A autotransformação eventualmente leva à vida mística. Como um escritor colocou: "Não existe nenhum outro caminho a ser seguido". Por isso, a familiaridade com a consciência mística é uma parte essencial das nossas leituras. Existem muitos livros excelentes sobre o assunto. Sugiro alguns:

- "*Mysticism*", de William James (um dos últimos capítulos do seu livro *Varieties of Religious Experience*, New York: Triumph Books, 1991).
- *Mysticism* de Evelyn Underhill (Mineola, NY: Dover, 2002).
- *Understanding Mysticism* de Richard Woods (Ed.) (Garden City, NY: Image Books, 1980).

É importante uma apreciação dos diferentes caminhos rumo à espiritualidade e que já passaram pelo teste do tempo, tais como os seguintes:

- *A Ciência do Yoga* do Dr. I.K. Taimni, uma tradução comentada dos *Yoga-Sutras* de Patañjali (Editora Teosófica, Brasília, 1996).
- *The Inner Life* de Hazrat Inayat Khan (Boston: Shambhala, 1997). Este é um livro sobre misticismo escrito por um sufi.
- *The Essentials of Zen Budhism* de D.T. Suzuki (Westport, CT: Greenwood Press, 1973). É muito útil estar familiarizado com o misticismo do Budismo, tais como o Zen, meditação *vipassana* e Budismo Tibetano.
- *Castelo Interior ou Moras,* Santa Teresa de Jesus - D'Avila (Ed. Paulos, SP). Uma descrição das camadas de nossa consciência que levam à união.
- *The Spiritual Teaching of Ramana Maharshi.* (Boston: Shambhala, 1972). Sri Ramana Maharshi é considerado um dos verdadeiros sábios do século XX. Seus ensinamentos são simples e ele faz uso da "Autoabordagem" ou *vichara* na meditação.

- *Pérolas de Sabedoria,* Sri Ramana Maharshi, Ed. Teosófica, Brasília, 2018.)

As palavras de J. Krishnamurti são particularmente recomendadas ao aprendiz de autotransformação. Seus ensinamentos apresentam as abordagens mais claras à percepção e à vida transcendente. Não contêm jargão nem assuntos técnicos que possam ofuscar em vez de esclarecer. Leia qualquer compilação de suas falas, particularmente as seguintes:

- *Primeira e Última Liberdade* (Editora Pensamento). Uma coleção de vários temas de suas palestras.
- *Life Ahead* (Ojai, CA: Krishnamurti Publications, 2000). Esse é um livro para jovens. Contém uma clara discussão a respeito dos muitos condicionamentos que as pessoas adquirem enquanto crescem.
- *Reflexões sobre a Vida* (Editora Cultrix).
- *A Mente Imensurável* (Ed. Teosófica, Brasília 2018).

A prática da meditação é uma parte importante do processo de autotransformação. Portanto, é útil estar familiarizado com os princípios e os passos da meditação apropriada. Além dos livros acima mencionados, tais como os *Yoga-Sutras* de Patañjali, mais alguns livros são sugeridos:

- *How to Meditate* de Lawrence LeShan (Boston: Little, Brown, 1999).
- *Journey of Awakening* de Ram Dass (New York: Bantam, 1990).
- *Concentration and Meditation* de Christmas Humphreys (Baltimore: Penguin, 1970).

Um dos segmentos cruciais do processo de autotransformação é o processamento da autotransformação, que envolve purificar a psique das questões e memórias psicológicas não resolvidas. Uma compreensão dos princípios que envolvem o *chi* e o seu movimento é o que é útil a esse respeito. As melhores fontes são os livros sobre acupuntura que identificam os quatorze principais meridianos do corpo.

Finalmente, é útil aprender a respeito dos relacionamentos efetivos a partir dos *insights* de muitos autores. Além dos livros de Dale Carnegie, o livro a seguir é recomendado:

- **People Skills** de John Bolton (New York: Simon&Schuster, 1986).

A partir da lista de leitura recomendada acima, você pode buscar estudos especializados mais profundos.

Anexo 2

Autoinventário

O autoinventário a seguir deve lhe ajudar a esclarecer os rumos do seu crescimento na vida. As descrições são apenas sugestivas e não pretendem ser totalmente exatas para todos. "1" indica que você atingiu pleno domínio sobre aquele aspecto particular, e "5" indica que você está quase subjugado ou dominado pela falta de domínio sobre aquele aspecto. Reescreva as descrições para torná-las mais condizentes com a sua situação. Cada um desses aspectos está dentro do seu poder de controle. Decida que área você precisa melhorar.

Aspecto	1	2	3	4	5
Irritação	Não se irrita	Poucas vezes	Ocasionalmente	Frequentemente	Com muita frequência
Raiva	Não se aborrece	Pouquíssimas vezes, e de leve	Ocasionalmente	Frequentemente, com intensidade	Muito frequentemente, com tendência a evitar a violência
Ressentimento	Não se ressente de ninguém; tenta enviar sinceros pensamentos de ajuda àqueles que lhe são hostis	Não gosta de algumas pessoas, mas consegue relacionar-se harmoniosamente com elas	Tem ressentimento de algumas pessoas; evita-as	Guarda rancor e forte ressentimento de certas pessoas; gostaria que elas "se danassem"	Tem forte ódio de algumas pessoas; deseja retaliar

Apêndice 2 - Autoinventário | 267

Medo	Não tem medo	Reações desprezíveis a situações ameaçadoras	Tem medo de certas coisas, e as evita	Muitos medos		Tem fobia(s) que afeta(m) sua vida, felicidade ou profissão
Tensão/ Estresse	Ciente de alguma tensão, consegue relaxar facilmente, imediatamente	Sente tensão, mas é capaz de relaxar posteriormente	Nota cansaço ou estresse	Cansa-se com facilidade, sente dores		Altamente estressado, hipersensível, aborrece-se facilmente
Preo- cupação	Cuida do problema imediatamente e sabe como evitar a preocupação; consegue aceitar situações inevitáveis	Aborrece-se ocasionalmente devido a preocupações não resolvidas	Tem preocupações e sente o peso das mesmas	Preocupa-se muito, fato que está afetando sua mente e saúde		Preocupações crônicas, acha difícil dormir, precisa de remédio ou tranquilizante
Relacio- namento Familiar	Harmonioso, carinhoso e significativo	Geralmente harmonioso; pequenos problemas de comunicação	Atritos, raiva e ressentimentos ocasionais	Frequentemente há conflito; evitam-se; não gosta de ficar em casa		Relacionamento quase intolerável; à beira de um rompimento

Relacionamento no Trabalho	Harmonioso, carinhoso e significativo	Geralmente harmonioso; pequenos problemas de comunicação	Atritos, raiva e ressentimentos ocasionais	Frequentemente há conflito; evitam-se; não gosta de estar no trabalho	Relacionamento quase intolerável; à beira de deixar ou mudar de trabalho
Relacionamentos Sociais	Harmonioso, carinhoso e significativo	Geralmente harmonioso; pequenos problemas de comunicação	Atritos, raiva e ressentimentos ocasionais	Frequentemente há conflito; evitam-se; não gosta da companhia dos outros	Evita quase totalmente encontros sociais
Trabalho e Profissão	Realizado, altamente motivado e produtivo	Satisfeito com a situação no trabalho	Situação no trabalho é tolerável; às vezes sente-se realizado; às vezes infeliz	Insatisfeito com o trabalho e com a profissão escolhida	Ressente-se do trabalho, sente-se improdutivo, infeliz
Apego às Coisas	Valoriza e cuida daquilo que possui, mas, se necessário, aceita a perda amplamente	Preocupa-se em perder o emprego, as posses ou o nome, mas consegue lidar bem com as adversidades	Apreensivo sobre perder o emprego, as posses, a reputação, etc.	Chateado pela possível perda destas coisas	Tem um medo constante de perder as posses, as finanças, o *status*, a reputação, etc.

Apêndice 2 - Autoinventário

Apego às Pessoas	Carinhoso e amável, mas consegue aceitar a separação ou a perda se necessário	Preocupado a respeito da perda ou da partida da pessoa amada, mas consegue lidar com a coisa	Apreensivo a respeito da perda da pessoa amada	Chateado pelo pensamento recorrente da perda da pessoa amada	Tem medo constante de perder a pessoa amada; a eficácia diária é afetada
Paz Interior	Geralmente sereno; capaz de enfrentar e lidar com as adversidades com eficácia e calma	Geralmente satisfeito	Satisfeito, mas geralmente reclama a respeito das coisas	Infeliz com a sorte na vida	Geralmente se sente deprimido, infeliz ou solitário; sente raiva da vida
Egocentrismo	Não se preocupa a respeito das inconveniências pessoais; cede alegremente aos outros no que diz respeito a questões pessoais; espontaneamente prestativo sem pensamento de reconhecimento	Prestativo; supera facilmente a falta de consideração dos outros sem supressão	Tenta ser agradável, mas sente-se magoado e ofendido quando as necessidades ou desejos pessoais não são atendidos; ocasionalmente prestativo, mas não deixa o que está fazendo para servir	Insistente sobre as necessidades e desejos pessoais; sente-se mal se não forem atendidos; não se sente motivado a ajudar ou servir aos outros	Aborrece-se facilmente quando incomodado pessoalmente; aborrece-se e se ofende com facilidade; fortemente impelido a levar vantagem sobre os outros, mesmo que de maneira aética

Anexo 3

Tornando-se um Facilitador

*M*uitas pessoas que participam do Seminário de Autotransformação geralmente perguntam como podem se tornar facilitadores do seminário.

O primeiro pré-requisito é ter frequentado o seminário, que é realizado várias vezes ao ano em várias partes das Filipinas por pessoas ou grupos que foram treinados como facilitadores. Na Austrália e na Índia o seminário também é realizado em cidades tais como Perth, Adelaide, Nova Delhi, Bangalore e Chennai.

Aquele interessado em se tornar facilitador deve possuir certas qualidades mínimas, tais como paciência, habilidade de comunicação e interesse genuíno em ajudar as pessoas a resolver problemas básicos do viver. O treinamento de um facilitador dura anos, e a pessoa em treinamento deve estar pronta para sustentar o esforço em aprofundar sua capacidade para auxiliar no processo de autotransformação de outras pessoas.

O Seminário de Autotransformação não se limita apenas ao aprendizado de habilidades, embora envolva o aprendizado de muitas habilidades que são úteis ao longo da vida. Ele tem a ver com um modo de viver, baseado na visão de vida que tem raízes na sabedoria eterna. É uma compreensão daquilo que somos como seres humanos; tem a ver com o esclarecimento daquilo que é importante e daquilo que é menos importante, o autodomínio, os relacionamentos e a transcendência dos conflitos crônicos que caracterizam a vida diária. Assim, nos seus aspectos mais profundos, o seminário é uma preparação para a vida superior, a vida mística.

Auxiliar o esforço de transformação de outras pessoas é uma tarefa nobre. É também uma responsabilidade profunda. Requer que os facilitadores não apenas empreendam essa difícil busca da compreensão da vida e de si mesmos, mas também desenvolvam qualidades que irão prepará-los para, eficazmente, assistirem outras pessoas nos seus processos de transformação.

A vida é imensamente complexa. Para entendê-la mais plenamente, não podemos nos limitar às nossas áreas respectivas de especialização, como um médico que é bom em curar doenças, mas que fracassa miseravelmente ao lidar com problemas conjugais e familiares. A genuína autotransformação envolve a sabedoria bem-equilibrada e bem-arrumada do que diz respeito aos aspectos principais do viver. Como facilitadores, então, precisamos ampliar nosso escopo de compreensão de modo que entendamos as dinâmicas destes importantes aspectos – valores, mágoas, dores, desejos, medos, os propósitos da vida, os relacionamentos, a natureza da consciência, etc. Ao nos aprofundarmos em tal compreensão, os nossos estudos necessariamente nos levam aos campos da ciência, do misticismo, da psicologia, da experiência religiosa, da filosofia, da fisiologia, das ciências sociais, e das artes de comunicação. Embora não possamos nos tornar *experts* em um espectro tão amplo do conhecimento humano, podemos pelo menos compreender bem esses aspectos que são relevantes para a realização do nosso potencial mais elevado.

Por essa razão, o preparo de um facilitador necessariamente leva anos. Este preparo requer:

- Uma compreensão cognitiva da natureza da vida e de seus processos.
- Uma exploração intensiva das abordagens eficazes à solução de conflitos na nossa própria vida que eventualmente nos prepara para a vida transcendente ou espiritual.
- O desenvolvimento de habilidades de aconselhamento e comunicação – falar em público, dinâmica e organização de grupos – e a capacidade especial de auxiliar os outros no processamento da autopercepção.

Se você estiver interessado em participar do seminário ou de ser treinado como facilitador, por favor entre em contato com:

The Philippine Theosophical Institute
1 Iba Street, Quezon City
Philippines
Email: tspeace@info.com.ph; theophil@info.com.ph
Website: www.selftransformation.net

Glossário

agressividade – uma abordagem para lidar com conflitos interpessoais caracterizados por palavras acusatórias e condenatórias, geralmente acompanhadas de tom de voz e de emoções hostis. É uma abordagem que tende a prolongar ou piorar o conflito. (*Ver também* Assertivo, Tímido)

amor – uma preocupação abnegada pelo bem-estar do outro ou de outros, distinto de uma preocupação autocentrada que é frequentemente confundida com amor, tal como sentir falta de alguém, ciúmes, etc. O amor é essencialmente incondicional, e não muda mesmo que a outra pessoa mude. Em sua expressão pode ser firme e assertivo, e irá agir de acordo com o melhor bem-estar de todos a que diz respeito, em vez de tentar agradar pelo medo de perder a afeição do outro. (*Ver também* Expectativas)

assertividade – uma abordagem para lidar com conflitos interpessoais caracterizados pela habilidade em expressar os próprios sentimentos ou pontos de vista sem ofender os da outra pessoa. Tende a usar declarações que começam com "Eu . . ." em vez de "Você . . ." e expressa sentimentos sem acusar ou julgar. (*Ver também* Agressivo; Tímido)

autodomínio – o domínio exercido pela individualidade ou eu interior sobre os hábitos e comportamentos da personalidade ou eu exterior.

autopercepção – no processo de autotransformação, refere-se à percepção das várias facetas do eu-personalidade – corpo, sentimentos, pensamentos. Precisa ser distinguida da "percepção pura", onde não há objeto para ser percebido.

autotransformação – um processo caracterizado por dois aspectos principais: (1) o despertar ou fortalecimento da própria individualidade ou natureza interna, e (2) a transformação do eu exterior ou personalidade, de modo a se tornar congruente com a individualidade.

campo de atenção – o campo de percepção quando a pessoa está consciente de alguma coisa. Deve ser distinguido da consciência periférica, que dele se aproxima. (Ver também Consciência periférica)chi - (Ver Energia)

condicionamento – uma reação automática a um dado estímulo (percepção, imaginação, memória, etc.), ou um hábito ou comportamento fixo adquirido. Os condicionamentos incluem reações medrosas, preconceitos, gostos e aversões, atitudes, etc. Quando não são examinados, esses condicionamentos determinam em grande parte o modo de vida do indivíduo.

congestão – o acúmulo de energia em uma parte específica do corpo, tal como o peito ou a cabeça, resultando em sensações de desconforto, tensão, languidez ou dor. Isto se deve à retenção ou ao congelamento da energia naquele local em vez de se permitir que ela flua naturalmente. A congestão é liberada e um estado normal é atingido através do processamento da autopercepção.(Ver também Processamento emocional; Energia)

consciência mística – percepção de um nível de consciência além dos pensamentos, imagens e intenções. É sinônimo de consciência espiritual ou contemplativa.

consciência periférica – o campo de consciência próximo ao nosso campo normal de atenção ou percepção. A pessoa tende a não prestar atenção ao conteúdo deste campo periférico de consciência, não porque ele seja subliminar ou subconsciente, mas porque sua atenção está focada exclusivamente em alguma outra coisa. A pessoa pode tornar-se perceptiva do conteúdo por uma difusão do seu campo de atenção, englobando assim uma parte mais ampla de sua periferia. A consciência periférica é diferente da pré-consciência, uma vez que a primeira refere-se à percepção do conteúdo atual da mente, tal como um sentimento, uma tensão, uma atitude, enquanto a pré-consciência pode conter qualquer coisa que possa não ser relevante no momento, tal como lembranças do que foi feito ontem. (*Ver também* Pré-consciência; Campo de atenção; Subconsciente)

emoções básicas – emoções que não são derivadas de outros tipos de emoções. Entre as emoções negativas, as emoções a seguir são consideradas básicas: medo, raiva, mágoa, aversão, desânimo, e culpa. Todas as outras emoções negativas tais como ansiedade, preocupação, ciúme, depressão, etc. são derivadas dessas emoções básicas, ou são combinações de várias emoções básicas. Sendo assim o ressentimento é uma mágoa misturada com irritação ou raiva.

energia – a não ser que seja definido de uma outra maneira, o termo refere-se à energia semifísica que circula por todo o corpo através dos medianos da acupuntura. Tem sido chamada de *chi* (ou *qi* em dialeto *pinyin*), prana, *energia bioplasmática*, orgone, força ódica, magnetismo animal, etc. É a energia que é ativada quando a pessoa sente uma emoção. Essa energia, por sua vez, estimula as mudanças fisiológicas e bioquímicas no corpo, devendo ser distinguida da energia da psique ou consciência, que é mais sutil. (*Ver também* Congestão)

espiritual – um nível de consciência que transcende a mente, e que tem sido chamado de místico, contemplativo, transcendental, *Bhuddi*, etc. É um estado de ser e não um sistema de crenças. Assim, o espiritual transcende as teologias ou os dogmas das religiões. (*Ver também* Misticismo; Transcendência)

eu e Eu – a palavra "eu" refere-se geralmente à personalidade ou eu exterior. Quando escrita com letra maiúscula, refere-se ao Eu Interior, em cujo âmago está o Espírito ou *Atma*.

exame cuidadoso (*scanning*) – a percepção de qualquer tensão ou desconforto no corpo físico enquanto se pratica a respiração abdominal profunda, e a normalização dessa tensão. (*Ver também* Processamento emocional)

Glossário | 277

expectativas – aquilo que se espera que outra pessoa faça, e que pode resultar em frustração ou dor emocional quando não realizado. Há dois tipos de expectativas: pessoais, e de relacionamento. As expectativas pessoais são aquelas motivadas pelas necessidades e desejos pessoais, e que podem levar à infelicidade quando não preenchidas. As expectativas de relacionamento são aquelas criadas pelos relacionamentos estabelecidos (quer sejam implícitos ou explícitos) tais como casamento, emprego, amizade, etc. As expectativas de relacionamento não precisam causar frustração e infelicidade pessoal se não forem preenchidas.

expressão de emoções – expressa sentimentos tais como gritar, socar um travesseiro, chorar, etc. É diferente da liberação da energia ligada às emoções. A expressão não libera a energia necessariamente, enquanto que a liberação não precisa requerer expressão. Assim, uma pessoa que, com raiva, soca um travesseiro, poderá estar ainda com raiva posteriormente, enquanto a pessoa que libera a energia ligada à raiva deixa de estar zangada ou ressentida da outra pessoa. (Ver também Liberação da energia do sentimento)

individualidade – o eu interior que consiste da mente superior, da consciência espiritual e do Ego ou Espírito interno. Existe em contraste com a personalidade, composta da mente inferior, das emoções, e do corpo, incluindo a mente subconsciente. A individualidade é simbolizada pelo triângulo com o vértice voltado para cima. (Ver também Personalidade)

integração – o funcionamento harmonioso da individualidade (ou eu interior) e da personalidade (ou eu exterior), com o primeiro controlando e determinando o comportamento do último.

liberação da energia do sentimento – permitir à energia ligada a uma emoção fluir naturalmente usando o processamento da autopercepção ou abordagens similares. Essa liberação dissolve eficazmente a emoção associada, tal como o medo ou a raiva. Não deve ser confundida com a expressão de emoções, tais como bater em um travesseiro com raiva, que não necessariamente dissolve a raiva. (*Ver também* Expressão de emoções)

mapa de realidade – a compreensão que a pessoa tem de si mesma, da vida, da natureza e do Cosmos. Tal mapa pode conter partes errôneas, que então desencaminham a pessoa e a levam a viver de acordo com pontos de vista equivocados. Quanto mais imperfeitos forem os nossos mapas, menos eficazes nossas vidas podem tornar-se, resultando em frustração, dor, mágoa, desarmonia, etc.

mecanismo – condicionamento subconsciente que produz um padrão fixo de reação quando estimulado ou provocado. É geralmente adquirido através da experiência, e pode evocar reações agradáveis, tais como excitação, ou reações dolorosas, tal como o medo. (*Ver também* Condicionamentos)

meditação – um estado de percepção não perturbado pelo movimento descontrolado dos pensamentos, emoções e percepções. A verdadeira meditação é a antiga passagem para o despertar da consciência espiritual ou mística. É diferente de certas práticas populares (também chamadas de meditação) que envolvem o relaxamento do corpo, o acalmar da psique, ou a obtenção de um estado cerebral que conduza à produção de ondas cerebrais alfa. Essas coisas são úteis, mas não substituem a essência da meditação espiritual. Algumas das conhecidas abordagens à meditação espiritual são o *Yoga*, o Zen, o *Vipassana* ou atenção, e a percepção. Todos envolvem preparações que nutrem a autodisciplina no corpo físico, no corpo prânico, nas emoções e nos pensamentos. (*Ver também* Transcendência; Consciência mística; Espiritual)

mente pré-consciente – uma parte da mente que é prontamente acessível à mente consciente da pessoa, mas que, por enquanto, não está no campo de sua atenção. (*Ver também* Consciência periférica; Subconsciente; Campo de atenção)

meridianos – os canais através dos quais flui a energia *chi*. Existem quatorze meridianos principais na prática da acupuntura, e muitos outros secundários. Os meridianos possuem pontos ao longo dos canais onde podem ocorrer congestões de energia.

nível zero de tensão funcional – um estado do corpo onde nenhuma tensão desnecessária é exercida sobre os músculos, a não ser os músculos envolvidos em uma atividade específica que esteja sendo praticada no momento, tal como ler um livro, caminhar ou jogar tênis.

o passo seguinte – uma oportunidade de crescimento que a pessoa pode ter a qualquer momento. Quando ela se sente angustiada a respeito de um incidente, essa aflição é um sintoma de que algo não foi ainda dominado ou aprendido. A pessoa pode examinar a si mesma ou a uma situação para ver o que pode ser aprendido – este é o passo seguinte para o crescimento.

percepção – um termo que possui um espectro de significados: desde percepção de alguma coisa à pura percepção sem quaisquer objetos específicos. No processo de autotransformação, autopercepção refere-se à percepção das sensações, percepções e fenômenos que ocorrem no corpo, nas emoções e na mente da pessoa. Na meditação, a percepção começa a partir da percepção de alguma coisa à percepção sem nenhum objeto. (*Ver também* Meditação)

personalidade – o eu exterior de um ser humano, composto do corpo, das emoções e da mente inferior. A personalidade está sujeita a condicionamentos, e é criada pelas necessidades e desejos, tendendo assim a ser autocentrada. (*Ver também* Individualidade)

prana – (*Ver* energia)

processamento da autopercepção – estar perceptivo de uma reação ou sensação fisiológica enquanto pratica a respiração abdominal profunda, sem tentar mudar, suprimir ou combater tal reação ou sensação. (*Ver também* Processamento emocional; *Scanning*)

processamento emocional – a percepção do desconforto no corpo enquanto se está passando por aflição emocional (medo, raiva, mágoa, depressão, etc.), e, com a ajuda da respiração profunda, deixando os congestionamentos de energia no corpo fluir e serem liberados, levando a um estado de relaxamento e ao desaparecimento da reação emocional aflitiva. (*Ver também Scanning*: Processamento da autopercepção)

programa de 7 dias – a resolução de executar uma tarefa ou de praticar um comportamento regularmente durante sete dias consecutivos como uma maneira de treinar a personalidade a ser obediente à vontade superior da pessoa. A resolução deve ser específica e mensurável. Deve requerer algum grau de dificuldade. Deve ser especificado um método de realização.

psique – a natureza emocional e mental de uma pessoa. A psique pertence à personalidade.

reação – uma ação condicionada automática provocada por um estímulo ou percepção. A reação surge a partir do condicionamento da pessoa, e por isso pode ser executada sem pensamento, deliberação ou sabedoria. A reação pode até mesmo ser irracional, tal como o medo de ver o retrato de uma serpente. Por outro lado, uma resposta é uma ação que surge a partir do eu interior e por isso ganhou peso em relação aos seus valores profundos e está livre da reação condicionada da personalidade ou triângulo inferior. (*Ver* resposta)

resposta – uma ação ou resposta a um estímulo, percepção ou situação. A resposta, como usada neste livro, procede do triângulo superior, ou apenas da mente superior, ou com a intuição, em oposição a uma reação, que procede dos condicionamentos da personalidade, e que, por isso, tende a ser mais superficial. (*Ver* Reação)

subconsciente – a camada de consciência que está normalmente oculta de nossa consciência de vigília, mas cujo conteúdo pode vir à superfície da mente consciente. Enquanto esse termo é frequentemente confundido com "inconsciente", é útil saber distinguir entre ambos. O conteúdo do subconsciente possui relacionamentos interativos funcionais com a mente consciente, enquanto o conteúdo do inconsciente é aquilo que não emergiu, e que pode jamais vir à superfície da mente consciente. (*Ver também* Pré-consciência; Campo de atenção)

tímido – ter medo de se expressar ou de expressar os próprios sentimentos, especialmente numa situação conflituosa onde a pessoa está chateada, magoada, zangada, etc. A pessoa tende a suprimir os sentimentos não resolvidos. É um modo ineficaz de lidar com os conflitos. (Ver também Agressividade; Assertividade)

transcendência – ir além dos níveis de experiência do corpo, dos sentimentos e da mente; alcançar ou despertar o nível de consciência que está além das limitações da personalidade e dos seus condicionamentos. É o reino do místico, do espiritual ou contemplativo. Envolve o surgimento da consciência transpessoal, tais como *Buddhi*, *prajña* ou a verdadeira intuição. (Ver também Misticismo; Espiritualidade)

triângulo inferior – a personalidade, que consiste do corpo, emoções e mente inferior. (Ver Triângulo superior; Personalidade; Individualidade)

triângulo superior – a individualidade que consiste da mente superior, da consciência transcendente, e do Eu Verdadeiro. (Ver Triângulo inferior; Personalidade; Individualidade)

unidade subjetiva de aflição (USA) – um método simples de determinar o nível de aflição que uma pessoa está experienciando num determinado momento. Geralmente se pergunta da seguinte maneira: "Numa escala de 0 a 10, onde 0 significa que você está completamente relaxado e confortável, e 10 significa que você está intoleravelmente tenso ou aflito, que número você se dá neste momento?"

valores culturais – valores adotados ou promovidos pela sociedade, que tendem a condicionar o ponto de vista de mundo das pessoas enquanto crescem. Os valores culturais incluem alguns valores religiosos. Eles podem mudar com o tempo, e podem incluir muitas crenças supersticiosas e irracionais. (Ver também Valores universais; Valores pessoais)

valores pessoais – a hierarquia de valores de um indivíduo que é determinada pelas preferências pessoais, tais como interesses, profissão, predileções, *hobbies*, gostos e aversões, etc. (Ver também Valores culturais; Valores universais)

valores universais – valores que são compartilhados por todos os seres humanos, independentemente de cultura ou época. Como exemplos, podemos citar a verdade, a sinceridade, a justiça, a beleza, a harmonia, etc. Os valores são universais devido à natureza inerente do valor (tal como a Verdade, que é por sua natureza preferida à ilusão), ou devido à composição da nossa natureza humana (tal como a natural busca da felicidade pela humanidade). Os valores universais são distintos dos valores culturais, que mudam de acordo com a época e o lugar, e dos valores pessoais (que variam de pessoa para pessoa). Os conflitos e a desarmonia surgem quando os valores pessoais e culturais não estão alinhados aos valores universais. Os valores universais não são negociáveis, por assim dizer. Não se ajustam a satisfazer uma cultura ou a uma pessoa. (*Ver também* Valores culturais; Valores pessoais)

(61) 3344-3101
papelecores@gmail.com